Astrid Pfeffer

Basiskompetenzen: Textverständnis in der 5. und 6. Klasse

Materialien für den Unterricht
Hase und Igel®

Der Verlag dankt den Autoren und Verlagen für die freundliche Abdruckgenehmigung.
Seite 36: www.zzzebra.de © Labbé Verlag
Seite 60: Mit freundlicher Genehmigung von Claudia Lachenmeier

www.hase-und-igel.de
Lektorat: Sonja Hopfenzitz
Layout: Margit Kick
Illustrationen: Johann Brandstetter
Druck: Himmer AG, Augsburg

ISBN 978-3-86760-883-1

Vorwort

Durch die Vielfalt der modernen Medien rückt das Lesen von Büchern als Freizeitbeschäftigung immer mehr in den Hintergrund. Das macht sich in der mangelnden Lesekompetenz vieler Schüler deutlich bemerkbar. Doch für den schulischen Erfolg und die Bewältigung des alltäglichen Lebens ist das Lesen und Verstehen verschiedenster Textsorten nach wie vor unersetzlich.

Dieser Band bietet zahlreiche Aufgaben, mit denen Sie die Lesefähigkeit und das Textverständnis in Ihrer Klasse üben und verbessern können. Besonderes Augenmerk liegt auf der Vermittlung von Lesetechniken an leseschwächere Schüler, mit denen sie Texte aller Art allein bewältigen können. Zur Differenzierung enthalten die weiterführenden Anregungen im Lehrerteil oft Fragestellungen, die leistungsstärkere Schüler bearbeiten können. Im Sinne des peer-gestützten Lesetrainings wird mehrfach angeregt, schwächere und stärkere Schüler zusammenarbeiten zu lassen, denn beide Seiten profitieren davon: die stärkeren, weil sie auf mögliche Fehler des anderen achten und sie erklären müssen, die schwächeren, weil sie von einem Gleichaltrigen lernen können.

Eröffnet wird der Band mit drei Lesetests, mit deren Hilfe Sie den Lernstand Ihrer Schüler vorab testen können. Test 1 enthält einen Gebrauchstext, Test 2 einen Sachtext, Test 3 einen literarischen Text. Test 1 und 2 beziehen sich auf das 3. Kapitel, Test 3 auf das 4. Kapitel. Der Diagnosebogen ermöglicht Ihnen, auf die Defizite der einzelnen Schüler mit den entsprechenden Übungsblättern individuell einzugehen.

Auf Tests zu den ersten beiden Kapiteln wurde verzichtet, da diese als Vorbereitung auf die letzten beiden und als allgemeine Motivation zum Lesen gedacht sind. Was darin gelernt und geübt wird, geht als grundlegende Lesefähigkeit in die Tests mit ein.

In jedem Kapitel gibt es zu den Kopiervorlagen einen ausführlichen Lehrerteil mit Erläuterungen und Ideen zum Einsatz im Unterricht sowie vielen zusätzlichen Anregungen u. a. zur Differenzierung und zu verschiedenen Sozialformen.

Das Niveau der Schüler ist in den 5. und 6. Klassen oft sehr unterschiedlich. Mithilfe einer Basisseite zu Beginn jedes Kapitels können grundlegende Techniken, die für das Kapitel wichtig sind, wiederholt werden. Die Seite ist vor allem für leseschwächere Schüler gedacht, denen das entsprechende Basiswissen fehlt.

Die vier Kapitel dieses Bandes setzen folgende Schwerpunkte:

Das erste Kapitel „Wörter und Sätze" beginnt mit kleinen, überschaubaren Übungseinheiten und führt die Schüler vom Wort- zum Satzverständnis. Trainiert wird u. a. der Blicksprung, das Zerlegen langer, schwieriger Wörter in Silben, gute Alphabetkenntnis, das Überfliegen von Texten sowie sinngestaltendes und flüssiges Vorlesen.

Das zweite Kapitel „Rätsel, Witze und Gedichte" beschäftigt sich mit dem Lesen und Erschließen kurzer Texte. Rätselreime, Comics und Sprachspielereien mit Unsinnssätzen motivieren zu Eigenkreationen und verbessern den Wortschatz, die Ausdrucksfähigkeit und das Sprachempfinden.

Im dritten Kapitel „Sach- und Gebrauchstexte" lernen die Schüler verschiedene Arten von Sachtexten kennen und wenden Techniken an, um sich deren Inhalt zu erschließen. Themen wie „Tiere", „Musik" oder „Meine Traumschule" wecken das Interesse von Jungen und Mädchen.

Im vierten Kapitel „Literarische Texte" wenden die Schüler verschiedene Lesetechniken auf Textauszüge aus modernen Jugendromanen und Klassikern der Jugendliteratur an.

Viel Spaß und Erfolg bei der Arbeit mit dem Material wünscht Ihnen und Ihren Schülern

Astrid Pfeffer

Inhalt

Lesetests und Diagnosebögen

Lehrerteil 6

Kopiervorlagen
Lesetest 1 und Diagnosebogen: Gebrauchstext 8
Lesetest 2 und Diagnosebogen: Sachtext 11
Lesetest 3 und Diagnosebogen: Literarischer Text 14

1. Kapitel: Wörter und Sätze

Lehrerteil 17

Kopiervorlagen	**Inhalt**	
Basisseite: Wörter und Sätze	Fremdwörter nachschlagen, feste Fügungen, feste Satzstrukturen, sinnentnehmendes Lesen	21
Vorsicht: Stolpergefahr!	Zusammengesetzte Wörter in Silben und Wortbestandteile zerlegen, Umgang mit Fremdwörtern üben	22
Vom Wort zum Satz	Blicksprung üben, Satzpyramide	23
Ich suche „ein“ ...	Überfliegendes Lesen	24
Wortendungen nutzen	Überfliegendes Lesen, Wortschatz erweitern	25
Fest gefügt	Feste Wendungen, Wortschatz verbessern	26
Was ist deine Meinung zu ...?	Satzteile richtig zusammensetzen	27
schWiEriGeS sChRiFtbiLd	Konzentriertes Lesen, unpassende Wörter aus einem Satz filtern	28
Hallo, Herr Doktor!	Einen Dialog ergänzen, sinnentnehmendes Lesen, Kontextbildung	29

2. Kapitel: Rätsel, Witze und Gedichte

Lehrerteil 30

Kopiervorlagen	**Inhalt**	
Basisseite: Rätsel, Witze und Gedichte	Reime ergänzen, einen Text vortragen, Geheimschrift lesen	35
Dreimal darfst du raten	Rätselreime lesen und lösen	36
Lustiges von Ringelnatz	Reime ergänzen, Gedichte vortragen	37
Elfchen und Rondell	Gedichtformen kennenlernen, eigenes Gedicht schreiben	38
Sinnvoller Unsinn?	Sinnerfassendes Lesen, Widersprüche in einem Text finden	39
Zungenbrecher	Genaues Lesen, flüssiges Vorlesen	40
Ist das komisch!	Sprachspiele in Witzen erkennen	41
Sprichst du „Donald Duckisch“?	Bilder und Texte einander zuordnen können	42
Heute schon gesimst?	Abkürzungen, Symbole der E-Kommunikation verstehen	43
Wer sitzt wo?	Eine Textaufgabe lesen und lösen	44

3. Kapitel: Sach- und Gebrauchstexte

Lehrerteil 45

Kopiervorlagen	Inhalt	
Basisseite: Sach- und Gebrauchstexte	Die 5-Schritt-Lesemethode	55
Texte mit Absicht	Textabsicht erkennen	56
Man nehme ...	Ein Kochrezept lesen	57
Ein Spiel – zwei Varianten	Eine Spielanleitung lesen, Texte vergleichen	58
Das Mikroskop	Eine Produktbeschreibung mit Bild lesen, unbekannte Wörter erschließen	59
Wie baue ich einen Kraftmesser?	Eine Bauanleitung lesen, Behauptungen überprüfen	60
Man darf nicht, man muss ...	Unpassende Wörter in einer Schulordnung finden	61
Wissenswertes über Witze	Einen Sachtext lesen, Randnotizen machen	62
Wenn jemand eine Reise tut ...	Einen Werbetext lesen, Teilüberschriften finden	63
Das richtige Hotel für alle	Einen Werbetext mit Piktogrammen verstehen	64
Was ist denn SMART:E?	W-Fragen zu einem Werbetext beantworten	65
Rätselhafte Kreise	Stichpunkte zu einem informierenden Sachtext notieren	66
Der Wattwurm	Eine Grafik beschriften, Lückentext richtig füllen	67
Mein Haustier erzählt	Fehler in einem Sachtext finden	68
Leben im alten Rom	Fremdwörter aus dem Zusammenhang erschließen	69
Wunderkind und King of Pop	Informationen übersichtlich darstellen und vergleichen	70
Meine Traumschule	Informationen in einem Balkendiagramm darstellen	71
Ausflug in den Kletterwald	Text in Abschnitten zusammenfassen, W-Fragen stellen	72
Ein Schriftsteller im Interview	Interview in Sinnabschnitte gliedern, Teilüberschriften zuordnen	73
Moderne Kommunikation	Unterschiedliche Meinungen zu einem Thema bewerten	74

4. Kapitel: Literarische Texte

Lehrerteil 75

Kopiervorlagen	Inhalt	
Basisseite: Literarische Texte	Herangehensweise an literarische Texte	81
Der Rabe und der Fuchs	Fabel: Aufbau, sich eine eigene Meinung bilden	82
Der Knabe im Moor	Ballade: sich in die Gefühle einer Figur hineinversetzen	83
Falsches Spiel im Klassenzimmer	Lückentext, Aussagen mit Textstellen belegen	84
Das Geheimnis der Flüsterstimme	Behauptungen zur Charakterisierung von Personen überprüfen	85
Cäsars Streberladen	Bedeutung von Titel, Titelbild und Klappentext für das Textverständnis, eigene Meinung formulieren	86
Fledermäuse beißen nicht	Textinhalt aus einem Ausschnitt rekonstruieren	87
Die Mutprobe	Fragen zu vorgegebenen Antworten formulieren	88
Das Ferkel	Rückwärts gedruckten Text lesen und Fragen dazu beantworten	89
Im Schwimmbad	Sätze in die richtige Reihenfolge bringen und in einer Zeitlinie darstellen	90
Die Götter der Antike	5-Schritt-Lesemethode	91
Reise zum Mittelpunkt der Erde	Kapitelüberschriften Sätzen zuordnen	92
Die Schatzinsel	Fragen zu einem Text beantworten	93
Benedikt und Adelgund	Sprache und Inhalt eines Textes untersuchen, sich in Figuren hineinversetzen	94
Schilly-Billy Superstar (1)	Einen Text mit Chat-Einschüben verstehen	95
Schilly-Billy Superstar (2)	Verschiedene Sprachstile bewerten	96

Lesetests und Diagnosebögen

Die Lesetests bestehen jeweils aus zwei Arbeitsblättern für die Schüler. Es schließt sich ein Diagnosebogen an, in dem Sie die Leistung jedes Schülers dokumentieren können. Er enthält zusätzlich eine Übersicht über Kopiervorlagen, die zur individuellen Förderung eingesetzt werden können.

Lesetest 1: Gebrauchstext

KV Seite 8–10

Dieser Test bezieht sich auf das 3. Kapitel: Sach- und Gebrauchstexte. Gearbeitet wird mit einem nicht-kontinuierlichen Text. Dem Diagnosebogen entnehmen Sie, welche Kopiervorlagen sich besonders gut in Verbindung mit dem Test zur individuellen Förderung eignen.

Lösung

Aufgabe 1:
a) 5, b) 8, c) 6, d) 2, e) 3, f) 7, g) 1, h) 4

Aufgabe 2:
☒ Gebrauchstext: Fahrplan

Aufgabe 3:
Linie 4

Aufgabe 4:
Linie 4

Aufgabe 5:
25 Minuten

Aufgabe 6:
Rathausplatz und Hauptbahnhof

Aufgabe 7:
Linie 3

Aufgabe 8:
Linie 4

Aufgabe 9:
fünf Haltestellen

Aufgabe 10:
Bäckerstraße und Rathausplatz, Krämermarkt und Rathausplatz

Lesetest 2: Sachtext

KV Seite 11–13

Dieser Test bezieht sich auf das 3. Kapitel: Sach- und Gebrauchstexte. Gearbeitet wird mit einem kontinuierlichen Text. Dem Diagnosebogen entnehmen Sie, welche Kopiervorlagen sich besonders gut in Verbindung mit dem Test zur individuellen Förderung eignen.

Lösung

Aufgabe 1:
Der Text gibt Informationen über die Herkunft, das Aussehen, das Wachstum, die Blütezeit und die Verwendung der Sonnenblume.

Aufgabe 2:
Als Heliotropismus bezeichnet man die Eigenschaft der Sonnenblume, Blüte und Blätter nach dem Stand der Sonne auszurichten.

Aufgabe 3:
Absatz 1 bis „angebaut“: Die Sonnenblume und ihre Herkunft
Absatz 2 bis „gewandt“: Beschreibung der Sonnenblume
Absatz 3 bis „Oktober“: Wachstum und Blütezeit der Sonnenblume
Absatz 4 bis zum Schluss: Verwendung der Sonnenblume

Aufgabe 4:
Botanischer Name: Helianthus annuus
Herkunft: stammt aus Nordamerika, wurde im 16. Jh. von spanischen Seefahrern nach Europa gebracht und im 19. Jh. in Osteuropa für die Ölgewinnung angebaut
Aussehen: erreicht eine Höhe von bis zu 4,80 m, gelbe Blütenköpfe mit bis zu 60 cm Durchmesser, in der Mitte Blüten, nach der Befruchtung Sonnenblumenkerne, gerader, rauer Stängel bis zu 5 cm dick, mit behaarten, herzförmigen Blättern
Besonderheit: dreht Blütenkopf und Blätter jeden Tag zur Sonne (= Heliotropismus), nachts gen Osten
Wachstum: braucht stickstoffreichen Humusboden in sonniger Lage, Wachstumszeit ca. 150 Tage
Blütezeit: Juli – Oktober
Verwendung: Zier- und Nutzpflanze, Kerne für Sonnenblumenöl, sehr nahrhaft, geschält in Müsli und Knabberprodukten

Aufgabe 5:
☒ die heutigen Anbaugebiete der Sonnenblume
☒ der Wasserbedarf der Sonnenblume

Aufgabe 6:

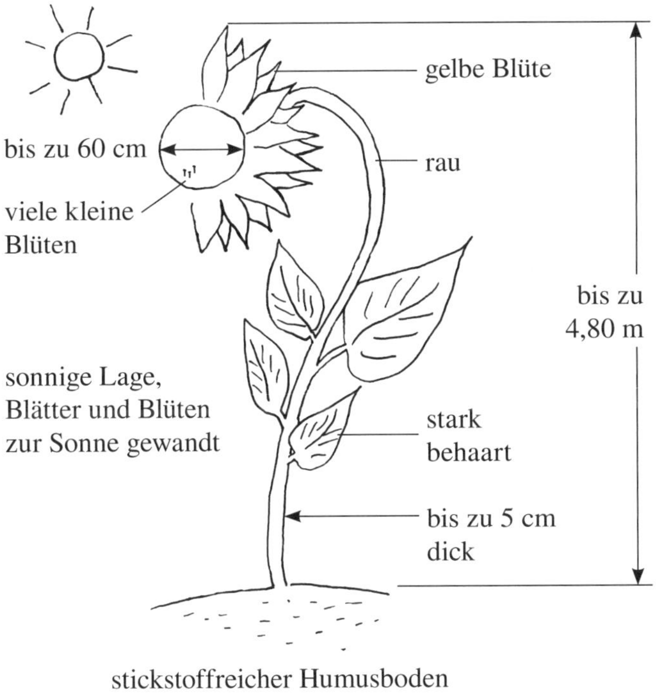

Lesetest 3: Literarischer Text

KV Seite 14–16 Dieser Test bezieht sich auf das 4. Kapitel: Literarische Texte. Dem Diagnosebogen können Sie entnehmen, welche Kopiervorlagen sich besonders gut in Verbindung mit dem Test zur individuellen Förderung der Schüler eignen.

Lösung

Aufgabe 1:
Der Text könnte mit Feuer und/oder Liebe zu tun haben.

Aufgabe 2:
Vorfreude bis: … Mühe ich mir gegeben habe …
heimliche Beobachtung bis: … ‚Sie freut sich', denke ich.
Enttäuschung bis: … ins Bett zu kommen.
Zerstörung bis: … Herzloses tun?"

Aufgabe 3:
Vorfreude: Das Kind liegt im Bett und wartet mit Spannung darauf, dass seine Mutter sein Geschenk um Mitternacht auspackt.
Heimliche Beobachtung: Das Kind beobachtet von seinem Fenster, dass um Mitternacht alle Gäste seiner Mutter gratulieren und die Mutter beim Öffnen des Geschenks lacht.
Enttäuschung: Alle machen sich über das Bild lustig und das Kind geht enttäuscht zurück ins Bett.
Zerstörung: Am folgenden Morgen sieht die Mutter verständnislos zu, wie ihr Kind das Bild anzündet.

Aufgabe 4:
Traurig. Signalwörter sind z. B.: leider nicht dabei sein, sogar geheult, hätte sie auch gern umarmt, aber dann lachen alle anderen, fassungslos, irgendwie schaffe ich es.

Aufgabe 5:
Das „flammende Herz" bezieht sich auf das angezündete Herzbild, aber auch auf das Herz des Kindes. Statt flammend vor Liebe ist es schließlich flammend vor Schmerz und Enttäuschung, weil sein Geschenk abgelehnt wurde.

Aufgabe 6:
a) … weil es so aufgeregt ist und sehen möchte, wie die Mutter sein Geschenk aufmacht und sich freut.
b) … weil die Eltern abends ihre Ruhe haben möchten, vor allem, wenn Besuch da ist.
c) ein selbst gemaltes, rotes Herzbild
d) Nein, denn er lacht und schlägt vor, das Bild aufs Klo zu hängen.
e) Nein, denn sie weiß nicht, dass das Kind die Verspottung des Geschenks heimlich beobachtet hat.

Aufgabe 7:
z. B. „Du bist herzlos, denn du hast über mein Bild gelacht." Oder: „Herzlos ist, wenn du mit deinen Gästen über mein Geschenk lachst."

Aufgabe 8:
z. B. Ich finde das Verhalten der Mutter gegenüber ihrem Kind schlimm, weil sie sich für ihr Kind schämt und es anscheinend nicht liebt. Ihr ist das Kind lästig, wenn Freunde da sind. Das Geschenk des Kindes ist ihr vor den Gästen peinlich.

Name:	Klasse:	Datum:	☐ von 18 Punkten

Lesetest 1

1. Welche Absicht steckt hinter den folgenden Textbeispielen? Verbinde die richtigen Paare.

☐ /8 P

a) Werbung für Computerspiele •	• 4. will mit Argumenten überzeugen
b) Gebrauchsanweisung für ein Handy •	• 3. dient der Unterhaltung
c) Backrezept •	• 5. möchte zum Kauf anregen
d) Schaubild vom Körper •	• 7. möchte über das Klima informieren
e) Märchen •	• 8. leitet zum richtigen Gebrauch an
f) Klimadiagramm •	• 2. möchte anschaulich erklären
g) Straßenverkehrsregeln •	• 6. leitet zum Gelingen an
h) Stellungnahme zur Einführung von Schuluniformen •	• 1. regeln den Verkehr

2. Welche Textsorte liegt hier vor? Kreuze die richtige Antwort an.

☐ /1 P

- ☐ Sachtext mit Regeln
- ☐ literarischer Text: Fabel
- ☐ Gebrauchstext: Fahrplan
- ☐ Sachtext, der eine Meinung wiedergibt

Haltestellen	Linie 3*
Schneiderweg	7.50 Uhr
Baronallee	8.02 Uhr
Burgstraße	8.09 Uhr
Ritterplatz	8.13 Uhr
Schmiedweg	8.20 Uhr
Bäckerstraße	8.26 Uhr
Rathausplatz	8.34 Uhr
Hauptbahnhof	8.36 Uhr

Haltestellen	Linie 4**
Schneiderweg	7.52 Uhr
Baronallee	8.04 Uhr
Burgstraße	8.11 Uhr
Hofweg	8.14 Uhr
Baumallee	8.17 Uhr
Krämermarkt	8.20 Uhr
Rathausplatz	8.28 Uhr
Hauptbahnhof	8.30 Uhr

* Linie 3 fährt Mo – Sa, außer So und an Feiertagen

** Linie 4 fährt Mo – So, außer in den Schulferien

Name:

3. Verena wohnt im Schneiderweg. Mit welcher Linie muss sie fahren, wenn sie zur Baumallee möchte? /1 P

____

4. Welche Linie fährt schneller zum Hauptbahnhof? /1 P

____

5. Wie lange braucht Linie 3 von der Burgstraße zum Rathausplatz? /1 P

____

6. Zwischen welchen Haltestellen ist die Fahrtzeit am kürzesten? /1 P

____

7. Verena möchte am ersten Sommerferientag, der dieses Jahr auf einen Donnerstag fällt, ihre Freundin am Rathausplatz besuchen. Mit welcher Linie muss sie fahren? /1 P

____

8. Verena sitzt am Sonntag im Bus auf dem Weg zur Burgstraße. In welchem Bus sitzt sie? /1 P

____

9. Wie viele Haltestellen sind bei beiden Buslinien identisch? /1 P

____

10. Zwischen welchen Haltestellen beträgt die Fahrtzeit acht Minuten? /2 P

____

Diagnosebogen zu Lesetest 1

Datum/Klasse: ______________________ Name des Schülers: ______________________

Erreichte Punktzahl: ☐ von 18 P

Aufgabe 1: **Textabsicht erkennen** / ☐ von 8 P

Bemerkung: ______________________

Förderung: KV Seiten 55, 56

Aufgabe 2: **Textsorte bestimmen** / ☐ von 1 P

Bemerkung: ______________________

Förderung: KV Seiten 55, 56

Aufgabe 3: **Lesetechnik, Textverständnis** / ☐ von 1 P

Bemerkung: ______________________

Förderung: KV Seite 24

Aufgabe 4: **Informationsentnahme, überfliegendes Lesen** / ☐ von 1 P

Bemerkung: ______________________

Förderung: (Aufgabe 4 – 10) KV Seiten 24, 58, 60, 64

Aufgabe 5: **gezielte Informationsentnahme** / ☐ von 1 P

Bemerkung: ______________________

Aufgabe 6: **gezielte Informationsentnahme** / ☐ von 1 P

Bemerkung: ______________________

Aufgabe 7: **gezielte Informationsentnahme** / ☐ von 1 P

Bemerkung: ______________________

Aufgabe 8: **gezielte Informationsentnahme** / ☐ von 1 P

Bemerkung: ______________________

Aufgabe 9: **Informationen miteinander vergleichen** / ☐ von 1 P

Bemerkung: ______________________

Aufgabe 10: **gezielte Informationsentnahme** / ☐ von 2 P

Bemerkung: ______________________

Name:	Klasse:	Datum:	von 36 Punkten

Lesetest 2

1. Lies den Text. Fasse in einem Satz zusammen, worum es geht. /2 P

Die Sonnenblume

Die Sonnenblume (botanischer Name *Helianthus annuus*), die zur Familie der Korbblütler gehört, ist eine einjährige Pflanze, d.h. sie muss jedes Jahr neu gepflanzt werden. Ursprünglich stammt sie aus Nordamerika. Im 16. Jahrhundert wurde sie von spanischen Seefahrern als Zierpflanze nach Europa gebracht und im 19. Jahrhundert in Osteuropa zur Ölgewinnung angebaut. Die Sonnenblume kann bis zu 4,80 m hoch wachsen. Besonders auffallend sind die großen gelben Blütenköpfe, die einen Durchmesser von bis zu 60 cm erreichen. In der Mitte befinden sich viele kleine Blüten, die nach der Befruchtung je einen Sonnenblumenkern ergeben. Der gerade, raue Stängel ist bis zu 5 cm dick und die herzförmigen Blätter sind stark behaart. Am Tag drehen sich der Blütenkopf und die Blätter immer in Richtung Sonne. Diese Eigenschaft nennt man Heliotropismus. In der Nacht ist die Blume wieder gen Osten gewandt. Um gut zu wachsen, benötigt die Sonnenblume stickstoffreichen Humusboden in sonniger Lage. Ihre Wachstumszeit beträgt etwa 150 Tage. Sie blüht durchgehend von Juli bis Oktober. Die Sonnenblume ist eine Zier- und Nutzpflanze. Aus ihren Kernen wird Sonnenblumenöl hergestellt, die geschälten Kerne sind sehr nahrhaft und oft in Müsli und Knabberprodukten zu finden.

2. Erkläre in eigenen Worten den Begriff Heliotropismus. /2 P

3. Markiere im Text Absätze. Gib jedem der vier Absätze eine Überschrift. /8 P

Name:

4. Erstelle einen Steckbrief für die Sonnenblume.

☐ / 12 P

Steckbrief: Die Sonnenblume

Botanischer Name: ______________________

Herkunft: ______________________

____

Aussehen: ______________________

____

____

Besonderheit: ______________________

____

Wachstum: ______________________

Blütezeit: ______________________

Verwendung: ______________________

____

____

5. Kreuze an, worüber du im Text nichts erfährst.

☐ / 2 P

- ☐ die heutigen Anbaugebiete der Sonnenblume
- ☐ der Ursprung der Sonnenblume
- ☐ der Wasserbedarf der Sonnenblume
- ☐ die Verwendung der Sonnenblumenkerne

6. Zeichne anhand der Angaben im Text das Bild einer Sonnenblume an einem Tag im Juli auf ein separates Blatt und beschrifte es.

☐ / 10 P

Diagnosebogen zu Lesetest 2

Datum/Klasse: ______________________ Name des Schülers: ______________________

Erreichte Punktzahl: [ ] von 36 P

Aufgabe 1: **Erfassen des Inhalts, Zusammenfassung** / [ ] von 2 P

Bemerkung: ______________________

____

Förderung: KV Seiten 23–27, 55, 56

Aufgabe 2: **Fremdwort klären** / [ ] von 2 P

Bemerkung: ______________________

____

Förderung: KV Seiten 21, 22, 55

Aufgabe 3: **Text in Abschnitte gliedern, Teilüberschriften formulieren** / [ ] von 8 P

Bemerkung: ______________________

____

Förderung: KV Seiten 55, 63, 72

Aufgabe 4: **gezielte Informationsentnahme** / [ ] von 12 P

Bemerkung: ______________________

____

Förderung: KV Seiten 55, 70, 74

Aufgabe 5: **Behauptungen zu einem Text prüfen** / [ ] von 2 P

Bemerkung: ______________________

____

Förderung: KV Seiten 55, 60, 70

Aufgabe 6: **gezielte Informationsentnahme, zeichnerische Umsetzung** / [ ] von 10 P

Bemerkung: ______________________

____

Name: | Klasse: | Datum: | von 23 Punkten

Lesetest 3

1. Lies die Überschrift. Überlege, worum es in der Geschichte gehen könnte. /1 P

---

2. Lies den Text. Markiere die vier Abschnitte mit folgenden Farben: Vorfreude = rot, heimliche Beobachtung = blau, Enttäuschung = grün, Zerstörung = gelb. /4 P

Flammendes Herz

Hellwach liege ich im Bett. Ist es schon so weit? Ich bin so aufgeregt! Ob sie mein Geschenk schon ausgepackt hat? Meine Mutter feiert nämlich Geburtstag.

Wie jedes Jahr hat sie Gäste. Ich darf leider nicht dabei sein, obwohl ich schon zwölf Jahre alt bin. Ich habe gebettelt, diskutiert und sogar geheult. Aber meine Eltern wollen abends ihre Ruhe haben, besonders wenn Besuch da ist.

Ich liege im Bett und starre an die Decke. Es ist kurz vor zwölf. Gleich werden sie Augen machen! Wenn meine Mutter das Geschenk auspackt … Es ist ein Bild, das ich selbst gemalt habe. Wenn sie sieht, wie viel Mühe ich mir gegeben habe …

Die Stimmen auf unserer Terrasse werden immer lauter. Ich stehe auf und schaue vorsichtig von meinem Zimmerfenster aus hinunter.

Gläser klingen. „Herzlichen Glückwunsch!", rufen alle laut durcheinander. Nacheinander stoßen sie mit meiner Mutter an und umarmen sie. Ich möchte sie auch gern umarmen.

Ich versuche zu erkennen, wo mein Geschenk liegt. Es ist das einzige Geschenk, das noch nicht ausgepackt ist.

„Guck mal! Da liegt ja noch ein Geschenk. Ist das von deinem Sprössling?" Ein Gast hebt mein Geschenk hoch und hält es meiner Mutter entgegen.

„Ach, ja", sagt meine Mutter, „das kann ich morgen noch aufmachen." Aber plötzlich klatschen alle in die Hände und rufen: „Aufmachen! Aufmachen!"

Da reißt meine Mutter das Geschenkpapier herunter. Sie wirft einen kurzen Blick auf das rote Bild und lacht.

‚Sie freut sich', denke ich. Aber dann lachen auch alle anderen.

„Oha! Das ist ja ein echtes Kunstwerk!", ruft ein Freund von Papa. Er hält das Bild hoch und schwenkt es lachend hin und her. Na, wo hängst du das denn bloß hin? Vielleicht aufs Klo?"

Fassungslos stehe ich da und höre zu. Irgendwie schaffe ich es, wieder ins Bett zu kommen.

Früh am Morgen werde ich wach. Ich gehe ans Fenster und schaue nach unten. Zwischen den verstreuten Zigarettenstummeln leuchtet mir das rote Herzbild entgegen. Es ist schon ein bisschen zerknittert.

Leise schleiche ich im Schlafanzug nach unten und öffne die Terrassentür. Auf dem Tisch entdecke ich ein Feuerzeug. Entschlossen lasse ich es aufschnappen und halte die Flamme an das Bild.

Da höre ich die Stimme meiner Mutter: „Was machst du denn da? Bist du verrückt? Wie kannst du nur so etwas Herzloses tun?"

gekürzt nach: Ute Schreiber, Das gibt's doch gar nicht!, Hase und Igel Verlag, Garching b. München 2006, S. 71–83

Name:

3. Schreibe zu den vier Abschnitten je einen zusammenfassenden Satz. /4 P

Vorfreude: ____________________

Heimliche Beobachtung: ____________________

Enttäuschung: ____________________

Zerstörung: ____________________

4. Ist die Geschichte heiter oder traurig? Woran erkennst du das? Belege deine Antwort am Text. Schreibe auf ein separates Blatt. /3 P

5. Warum heißt die Geschichte „Flammendes Herz“? Schreibe deine Begründung auf ein separates Blatt. /2 P

6. Beantworte folgende Fragen zum Text. /5 P

a) Warum ist das Kind so spät noch hellwach?

____

b) Warum darf das Kind nicht bei der Geburtstagsfeier dabei sein?

____

c) Was schenkt das Kind seiner Mutter? ____________________

d) Erkläre, ob die Aussage des Gastes „Das ist ja ein echtes Kunstwerk“ ernst gemeint ist.

____

e) Weiß die Mutter, wie ihr Kind sich am Morgen nach dem Geburtstag fühlt?

____

7. Was könnte das Kind auf die Frage der Mutter antworten? Schreibe eine kurze Antwort in wörtlicher Rede auf ein separates Blatt. /2 P

8. Wie bewertest du das Verhalten der Mutter ihrem Kind gegenüber? Formuliere deinen Standpunkt in ein paar Sätzen auf einem separaten Blatt. /2 P

Diagnosebogen zu Lesetest 3

Datum/Klasse: ____________________ Name des Schülers: ____________________

Erreichte Punktzahl: [ ] von 23 P

Aufgabe 1: **Vorüberlegung zum Text** / [ ] von 1 P

Bemerkung: ____________________

Förderung: KV Seiten 81, 86

Aufgabe 2: **Gefühle der Figuren verstehen, genaues Lesen** / [ ] von 4 P

Bemerkung: ____________________

Förderung: KV Seiten 81, 84, 91, 94

Aufgabe 3: **Zusammenfassung des Inhalts** / [ ] von 4 P

Bemerkung: ____________________

Förderung: KV Seiten 81, 83, 91, 95

Aufgabe 4: **Detailfrage mit Textbeleg** / [ ] von 3 P

Bemerkung: ____________________

Förderung: KV Seite 94

Aufgabe 5: **begründete Interpretation des Titels** / [ ] von 2 P

Bemerkung: ____________________

Förderung: KV Seite 86

Aufgabe 6: **gezielte Informationsentnahme, Detailverständnis** / [ ] von 5 P

Bemerkung: ____________________

Förderung: KV Seiten 89, 91, 93

Aufgabe 7: **eine Geschichte weiterschreiben** / [ ] von 2 P

Bemerkung: ____________________

Förderung: KV Seiten 83, 88, 94

Aufgabe 8: **Begründen der eigenen Meinung** / [ ] von 2 P

Bemerkung: ____________________

1. Kapitel: Wörter und Sätze

Vorbemerkung

Im ersten Kapitel üben die Schüler das Dekodieren von Wörtern und einzelnen Sätzen, bevor sie sich in den weiteren Kapiteln zunehmend komplexeren Texten annähern. Sie lernen und vertiefen verschiedene Lesetechniken und wiederholen relevantes grammatikalisches Grundwissen. Dabei kommt das Vorlesen nicht zu kurz. Die semantische und syntaktische Struktur von Sätzen wird beleuchtet.

Da Lesen kein rein kognitiver Vorgang ist, sondern auch eine emotionale Komponente hat, wird in diesem wie in den folgenden Kapiteln besonders auf die Lesemotivation geachtet.

Lehrplanbezug

- Umgang mit dem Wörterbuch üben
- Blicksprung trainieren, überfliegendes Lesen
- Wörter und kurze Sätze sinnerfassend lesen
- Feste Wortverbindungen erkennen
- Grammatikalisches Wissen anwenden: Wortendungen erkennen, Satzteile kombinieren
- Flüssig (vor-)lesen

Zu den Kopiervorlagen

KV Seite 21

Basisseite: Wörter und Sätze
In Aufgabe 1 wiederholen die Kinder die aus früheren Schuljahren bekannte Technik, Fremdwörter in einem Lexikon nachzuschlagen und sie zu erklären. Danach werden feste Wendungen in den Blick genommen. Dabei geht es darum, das Sprachgefühl zu verbessern und den Wortschatz zu festigen.

In Aufgabe 3 ordnen die Schüler zusammengehörige Satzteile einander zu. Sie machen sich bewusst, dass eine vorgegebene Satzstruktur nach einer bestimmten Fortsetzung verlangt.

In Aufgabe 4 geht es um Kontextbildung. Genaues und sinnerfassendes Lesen ist gefordert.

Lösung

Aufgabe 1:

<u>der</u> Assistent: Mitarbeiter. Timo möchte Assistent des Geschäftsführers werden.
<u>das</u> Gelee: mit Zucker eingekochter Fruchtsaft. Ich esse gerne Brot mit Gelee.
<u>das</u> Hämatom: Bluterguss. Er hat ein Hämatom am Knie.
<u>das</u> Mikroskopieren: mit dem Mikroskop untersuchen. Ben übt das Mikroskopieren von Pflanzen.
<u>die</u> Preisreduktion: Preisminderung. Preisreduktionen locken Kunden an.

Aufgabe 2:

a) Er sieht aus wie ein Häufchen <u>Elend</u>.
b) Die Detektive haben eine harte Nuss zu <u>knacken</u>.
c) Ich werde den Verkauf des Hauses in die Wege <u>leiten</u>.
d) Der Direktor <u>zieht</u> ihn für seine Tat zur Rechenschaft.

Aufgabe 3:

Ich glaube, dass er der Übeltäter ist.
Lea hatte vergessen, sich bei ihrer Oma zu bedanken.
Stefans Mutter arbeitet in einer Buchhandlung.

Aufgabe 4:

☒ Er freut sich besonders über den Schlitten.

KV Seite 22

Vorsicht: Stolpergefahr!
Die Schüler lernen zunächst eine Technik, mit deren Hilfe sie lange, schwierige Wörter leichter lesen können. Sie können hier auf das Fugen-s hinweisen. Die Bildung eigener langer Unsinnswörterketten in Aufgabe 2, die die Mitschüler dann „entziffern" müssen, kann besonders für schwächere Leser ein Ansporn sein.

In Aufgabe 4 geht es einen Schritt weiter zur Erarbeitung schwieriger Fremdwörter, die den Schülern in ihrem Alltag begegnen können. Zusätzlich kann hier das Nachschlagen in einem Lexikon geübt werden.

Lösung

Aufgabe 1:

z. B. Samstag | abend | fernseh | film | vorschau
Donau | dampf | schiff | fahrts | gesellschafts | kapitäns | mütze
Schokoladen | nikolaus | herstellungs | betrieb
Computer | bild | schirm | sicherheits | verpackungs | material

Weiterführende Anregungen

- Jeder Schüler sucht mindestens drei Wörter, die er als schwierig zu lesen einstuft, und notiert sich deren Bedeutung. In der nächsten Unterrichtsstunde lässt er seinen Nachbarn die Begriffe vorlesen. Anschließend erklärt er ihm deren Bedeutung.
- Schreiben Sie mehrere Wörter an die Tafel. Die Schüler bringen sie in ihrem Heft möglichst schnell in die richtige alphabetische Reihenfolge. Alternativ treten zwei Schüler an der Tafel gegeneinander an.
- Lexikon-Bingo: Jeder Schüler hat ein Lexikon vor sich liegen. Geben Sie ein Wort vor. (Schreiben Sie es an die Tafel, wenn es sehr schwierig ist.) Auf Kommando suchen es die Schüler im Lexikon. Wer es zuerst gefunden hat, zeigt mit dem Finger darauf und ruft: „Bingo!“
- Teilen Sie die Klasse in mehrere Gruppen ein. Jedes Team sucht sich aus einem Fremdwörterlexikon drei Begriffe. Zu jedem dieser Begriffe verfasst es drei Definitionen: eine richtige und zwei falsche. Die anderen Teams müssen dann erraten, welche der drei zutrifft. Für jede richtige Antwort bekommen die Teams einen Punkt. Dieses Sprachspiel regt die Fantasie und Wortgewandtheit der Schüler an. Denn je besser sich die falschen Definitionen anhören, desto höher ist die Wahrscheinlichkeit, dass die Mitschüler „in die Falle tappen“.

KV Seite 23

Vom Wort zum Satz

Hier lernen die Schüler, Sätze mit möglichst wenigen Blicksprüngen zu erfassen. Sie erweitern ihre Blickspanne und erhöhen dadurch ihre Lesegeschwindigkeit. Um die Leistungssteigerung zu verdeutlichen, können Sie die Lesezeit zu Beginn und nach der Übungsphase stoppen. Die Schüler arbeiten in Aufgabe 2 und 3 zu zweit, am besten ein guter Leser mit einem schwächeren.

Lösung

Aufgabe 4:

z. B. Das kleine, süße Meerschweinchen

tobt mit seinen Freunden im Käfig herum.

Weiterführende Anregungen

- „Blitzlesen“: Schreiben Sie ein Wort an die Tafel und wischen Sie es sofort wieder weg. Wer konnte das Wort lesen?
- „Blitzlesen“ als Partnerarbeit: Zwei Schüler schreiben mehrere Wörter auf Karteikärtchen. Der eine zeigt dem anderen kurz ein Kärtchen und dreht es dann wieder um. Welche Wörter konnte der Nachbar lesen?
- „Welches Wort steckt dahinter?“ ist ein Teamspiel mit Wettkampfcharakter (Dauer: mind. 10 Min.). Teilen Sie die Klasse in zwei bis vier Teams ein. Achten Sie auf ein ausgewogenes Verhältnis zwischen geübten und weniger geübten Lesern. Ein Schüler aus dem ersten Team denkt sich ein Wort aus und schreibt die ersten zwei oder drei Buchstaben an die Tafel, für die restlichen gibt er Platzhalter an. Die Schüler der anderen Teams raten, um welches Wort es sich handeln könnte. Bei schwierigen Wörtern kann ein Tipp als Hilfe gegeben werden, z. B. FRE _ _ _ _ → Tipp: Sommer. Lösung: Freibad. Für jedes richtig geratene Wort erhält das jeweilige Team einen Punkt. Danach ist das zweite Team an der Reihe usw.

KV Seite 24

Ich suche „ein“ …

Auf dem Arbeitsblatt üben die Schüler das überfliegende Lesen. Es dient dazu, sich in längeren Texten schnell zu orientieren. Diese Technik (Scannen) eignet sich für die gezielte Informationsentnahme, nicht für ein intensives Lesen von literarischen Texten.

In Aufgabe 1 können entweder die Schüler selbst ihre Zeit auf einer Uhr stoppen oder ein Partner übernimmt dies. Der Wettlauf mit der Uhr spornt sicher jeden an.

In Aufgabe 2 werden die Schüler feststellen, dass in der Schnelligkeit oft etwas überlesen und übersehen wird.

Lösung

Aufgabe 1:

schwierig bis ein gehen laufen frieren ein
goss ein bis mit ein dazu auf ein für nie
und unter ein neben ein Eis darauf lang
reiten ein das der ein die bald spät von
ach toll ein lachen essen ein reden nett
Lösung: 11-mal

Aufgabe 2:

Lösung: „ein“ kommt im Text 52-mal vor.

Weiterführende Anregung

Die Schüler entwerfen zu Hause ähnliche Aufgaben zum überfliegenden Lesen, die in der folgenden Stunde mit einem Partner ausgetauscht werden und in einer kurzen Zeitspanne bearbeitet werden müssen. (Geben Sie evtl. zu suchende Wortbestandteile vor, z. B. Vor- oder Nachsilben.)

KV Seite 25

Wortendungen nutzen

Die Schüler nutzen ihr Wissen von der Wortbildung, um ihre Lesegeschwindigkeit zu erhöhen. Statt einzelne Silben zu entziffern, üben sie, auf einen Blick z. B. Vor- oder Nachsilben zu erfassen, und sich auf den bedeutungstragenden Wortteil zu konzentrieren. So steigert sich mit dem grammatikalischen Wissen auch die Lesegeschwindigkeit und stärkt damit die elementare Lesekompetenz. Wiederholen Sie bei Defiziten die Regeln der Groß- und Kleinschreibung oder die Wortbildung. Lassen Sie zu den vorgegebenen Begriffen z. B. Wortfamilien bilden.

Lösung

Aufgabe 1:
-heit: Reinheit, Faulheit, Gemeinheit
-keit: Sauberkeit, Achtsamkeit, Heiterkeit, Reinlichkeit, Endlichkeit, Wirklichkeit
-ung: Säuberung, Achtung, Erheiterung, Reinigung, Umgebung, Endung, Verwirklichung
-nis: Erlebnis, Wagnis, Fäulnis, Erlaubnis

Aufgabe 2:
-ig: staubig, traurig, gläubig, ruhig
-lich: beweglich, glücklich, förmlich, ärgerlich
-los: bewegungslos, glücklos, formlos, staublos, arbeitslos, ruhelos
-sam: schweigsam, arbeitsam, geruhsam, erholsam

Aufgabe 3:
a) Unser Urlaub war ein tolles Erlebnis, aber leider nicht sehr erholsam.
b) Dein Sauberkeitsfimmel ist wirklich ärgerlich.
c) Der Film hat mich sehr traurig gestimmt. Aber deine Heiterkeit macht mich wieder fröhlich.
d) „Ich bin ja so glücklich!“, rief die Braut nach ihrer Trauung.
e) Für den Sprachurlaub brauche ich noch die Erlaubnis von meinem Vater. Aber ich denke, ich bekomme sie ganz problemlos.
f) Es war ein großes Wagnis, auf den Baum zu klettern. Aber du bist eben unglaublich mutig.

Weiterführende Anregung

Die Schüler entwerfen selbst Sätze wie in Aufgabe 3. Dabei können Sie die Übung so variieren, dass die Schüler die richtige Endung schreiben, aber den vorderen Teil des Wortes weglassen, der dann von den anderen erraten werden muss.
Beispiel: „Ich hatte gestern mit meinem Onkel eine nette ____________ung über Delfine.“
(Lösung: Unterhaltung)

KV Seite 26

Fest gefügt

Die Aufgaben sensibilisieren für feste Fügungen. Manche Verben in der ersten Übung sind mit mehreren Nomen kombinierbar. Die Schüler können auf einem separaten Blatt weitere Möglichkeiten notieren.

Lösung

Aufgabe 1:
Text: ändern, bewältigen, verstehen, ausdenken, eingeben, korrigieren, kennen, lesen
Aufgabe: ändern, bewältigen, verstehen, geben, ausdenken, annehmen, korrigieren, lesen, lösen
Computer: aufstellen, programmieren
Passwort: ändern, nennen, geben, ausdenken, eingeben, kennen, knacken, lesen
Anleitung: ändern, verstehen, beachten, missachten, korrigieren, kennen, lesen
Regel: ändern, nennen, verstehen, aufstellen, ausdenken, setzen, beachten, missachten, aufzählen, korrigieren, kennen, lesen
Ziel: ändern, bewältigen, aufstellen, erreichen, setzen, ins Auge fassen
Beispiel: nennen, verstehen, geben, ausdenken, aufzählen, lesen

Aufgabe 2:
a) Regeln, b) Text, c) Ziel, d) Beispiel,
e) Computer, f) Aufgabe, g) Passwort, h) Anleitung

Weiterführende Anregungen

- Die Kinder schreiben Beispielsätze mit ihren Wortpaaren aus Aufgabe 1. So können sie selbst erkennen, ob ihre Lösung stimmig ist oder nicht. Schüler mit Deutsch als Muttersprache unterstützen ggf. ihre Kameraden mit einer anderen Muttersprache.
- Schreiben Sie einen Begriff an die Tafel. Ein Schüler, der mit dem Rücken zur Tafel sitzt, muss ihn erraten. Die Klasse erklärt ihn, wobei jeder Schüler nur ein Wort sagen darf. Beispiel: Gesucht wird „Schule“. Schüler 1 sagt: „Dies“, Schüler 2: „ist“, Schüler 3: „ein“, Schüler 4: „Ort“. Jeder Schüler muss sich gut überlegen, wie er den Satz weiterführen kann, damit die Satzstruktur erhalten bleibt. Das Spiel hört sich leichter an, als es ist, da man sich nicht absprechen darf. Schüler 2 weiß also nicht, an welchen Satz Schüler 1 denkt.

KV Seite 27

Was ist deine Meinung zu …?

In Aufgabe 1 sollen sich die Schüler bewusst werden, dass die Satzanfänge in der linken Spalte eine bestimmte grammatikalische Struktur nach sich ziehen. Wenn sie diese erkennen, finden sie schnell die Lösung, da sie nur den Anschluss in der rechten Spalte lesen müssen. Mit dieser Technik steigern sie ihr Lesetempo.

In Aufgabe 2 wird die Technik durch eine Schreib- und anschließende Leseübung, in der die Schüler ihre eigene Meinung äußern dürfen, vertieft. Sie tauschen sich darüber mit ihrem Partner aus.

Lösung
Aufgabe 1:
Ich glaube, dass wir in 100 Jahren zum Mars fliegen können.
Ich mag Menschen, die freundlich zu mir sind.
Es stört mich, wenn jemand beim Essen schmatzt.
Ein Lehrer sollte immer gerecht sein.
In der Schule muss ich lange still sitzen.
Am liebsten liege ich auf dem Sofa und schaue fern.
Mein Lieblingsessen ist Pizza.
Lesen macht Spaß.
Ich mache gerne Urlaub in der Karibik.

Weiterführende Anregung
Fragen Sie die Schüler, wie sich die Sätze auf der Kopiervorlage verändern, wenn man bestimmte Wörter durch Ausdrücke mit ähnlicher Bedeutung ersetzt, z. B. „Ich liebe es, …“ statt „Ich mache gerne …“. So erweitern und sichern sie ihren Wortschatz, was vor allem im Hinblick auf das Verfassen eigener Texte unerlässlich ist.

KV Seite 28

schWiEriGeS sChRiFtbiLd

Dieses Arbeitsblatt motiviert die Schüler, beim Lesen genauer hinzusehen. Mit den ungewöhnlichen Schriftbildern, den fehlerhaften Wörtern und den in manchen Sätzen versteckten unpassenden Wörtern üben sie das konzentrierte Lesen, bei dem sie auch auf die richtige Rechtschreibung achten müssen (Aufgabe 1).

In Aufgabe 2 dürfen die Schüler ihren (gestalterischen) Ideen freien Lauf lassen, mit Sprache spielen und selbst knifflige Sätze entwerfen – auch für schwächere Leser eine motivierende Aufgabe.

Lösung
Aufgabe 1:
a) Rosi fährt mit ihrem gelben Schlauchboot auf dem Bodensee herum.
b) Dies ist wirklich eine sehr seltsame Übung, aber eigentlich gar nicht so schwer.
c) Peter schaut jeden ~~nie~~ Abend mindestens zwei Stunden fern.
d) Dieser Satz geht ab wie eine Achterbahn: ein ~~kein~~ Looping nach dem anderen.
e) Es war einmal eine kleine Schnecke mit einem klitzekleinen Schneckenhaus.
f) Ich mache jeden Tag einen Kopfstand und stehe eine halbe Stunde auf dem Kopf.
g) Ich hasse Wandern, immer geht's bergauf, bergab, bergauf, bergab.
h) Im Sommer gehe ich am liebsten in den hohen ~~schmackhaften~~ Wellen segeln.
i) In diesem Satz stimmt auch überhaupt nichts.
j) Irgendetwas fehlt, aber was? Kannst du mir helfen? In jedem Wort sind die Vokale verschwunden. Komisch!

KV Seite 29

Hallo, Herr Doktor!

Damit die Schüler das Gespräch auf dem Arbeitsblatt ergänzen können, lesen sie zunächst die vorgegebenen Fragen des Arztes, um den Kontext zu erfassen. Dann können sie passende Antworten in ganzen Sätzen schreiben. Die Schüler üben anschließend das Lesen mit Betonung und tragen ihre Gesprächsversion der Klasse vor. Es bietet sich an, einen guten Leser mit einem weniger guten zusammenarbeiten zu lassen.

Lösung
Aufgabe 1:
z. B. Patient: Guten Morgen, Herr Doktor. Mir geht es gar nicht gut.
Arzt: Guten Morgen. Wo tut es denn weh?
Patient: Im Kopf, im Hals, überall und besonders im Bauch.
Arzt: Überall? Besonders im Bauch?
Patient: Ja, so ist es.
Arzt: Ah ja. Nun, essen Sie regelmäßig?
Patient: Nein, ich habe meist keine Zeit für das Frühstück.
Arzt: Das sollten Sie ändern. Und was trinken Sie gerne?
Patient: Ich trinke gerne Sirup und auch Alkohol.
Arzt: Das ist aber gar nicht gut. Treiben Sie Sport?
Patient: Nein. Ich muss so viel im Büro arbeiten.
Arzt: Oje! Haben Sie etwa auch noch Stress?
Patient: Ja. Ich muss viele Überstunden machen.
Arzt: Da haben wir es. Sie müssen Ihre Ernährungsgewohnheiten umstellen und Stress abbauen.
Patient: Ist das alles?
Arzt: Ja, das ist alles. Sie sind ansonsten völlig gesund. Ich weiß, wovon ich spreche. Ich war nämlich früher auch gestresst.
Patient: Und was haben Sie dagegen getan?
Arzt: Ganz einfach. Ich habe meine Sprechzeiten verkürzt. Ihre ist jetzt leider auch schon um. Ich wünsche Ihnen noch einen schönen Tag. Die Rechnung für Ihren Besuch schicke ich Ihnen zu.
Patient: Vielen Dank. Auf Wiedersehen.

Weiterführende Anregung
Die Schüler entwerfen nach dem Muster der Kopiervorlage ein eigenes „halbes Gespräch“. Am Dialog sind z. B. ein Elternteil und ein Kind oder zwei Schüler beteiligt, die über ihren Urlaub, ihre Schule oder ein besonderes Erlebnis sprechen. Die Gespräche werden anschließend untereinander ausgetauscht, ergänzt und vorgetragen.

Basisseite: Wörter und Sätze

1. Ergänze die Artikel und erkläre kurz, was die Wörter bedeuten. Schlage im Fremdwörterbuch nach, wenn du sie nicht kennst. Schreibe mit jedem Wort einen Satz in dein Heft.

Tipp
Wenn du beim Lesen eines Textes ein Wort nicht verstehst, unterstreichst du es. Versuche es dir aus dem Zusammenhang klar zu machen. Gelingt dir das nicht, schlägst du im Wörterbuch nach.

_________ Assistent: ______________________________

_________ Gelee: ______________________________

_________ Hämatom: ______________________________

_________ Mikroskopieren: ______________________________

_________ Preisreduktion: ______________________________

2. Streiche das unpassende Wort durch. Schreibe mit der richtigen Wortkombination je einen Satz in dein Heft.

Beispiel: jemandem Glück wünschen / ~~sagen~~;
Papa wünscht mir viel Glück beim Test.

a) ein Häufchen Elend / Freude
b) eine harte Nuss öffnen / knacken
c) etwas in die Wege führen / leiten
d) jemanden zur Rechenschaft ziehen / bringen

Info
Manche Wörter kann man nur mit bestimmten anderen Wörtern kombinieren. Das gilt auch für Satzteile. Du kannst Wörter oder Sätze schneller lesen, wenn du weißt, was sich anschließen muss.

3. Verbinde die zusammengehörigen Satzteile mit einer Linie.

Es war schon zu spät, •	• in einer Buchhandlung.
Ich glaube, •	• um noch einkaufen zu gehen.
Lea hatte vergessen, •	• dass er der Übeltäter ist.
Stefans Mutter arbeitet •	• sich bei ihrer Oma zu bedanken.

4. Lies den Satz und kreuze an, welcher Satz danach passt.

Philipp hat zum Geburtstag viele tolle Geschenke bekommen.

☐ Sein Vater schreibt ihm einen Geburtstagsbrief.
☐ Seine Mutter schenkte ihrem Mann einen Pullover.
☐ Er freut sich besonders über den Schlitten.

Vorsicht: Stolpergefahr!

1. Trenne die Wortschlangen mit Trennstrichen und versuche sie dann flüssig zu lesen.

Tipp

Lange Wörter und Fremdwörter lassen sich leichter lesen, wenn du sie in kleine „Lesehäppchen" zerlegst: in Silben oder ihre Wortbestandteile.
Beispiel: Py|ra|mi|den|bau|wei|se oder Pyramiden|bauweise.
Versuche die Teile anschließend wieder zusammenzuziehen.

Samstag|abendfernsehfilmvorschau

Donaudampfschifffahrtsgesellschaftskapitänsmütze

Schokoladennikolausherstellungsbetrieb

Computerbildschirmsicherheitsverpackungsmaterial

2. Denke dir selbst ein langes Wort aus, das aus lauter Nomen / Substantiven besteht. Schreibe es auf und lass es von deinem Nachbarn „entziffern".

____

3. Wer hat das längste Wort gebildet? Welches Wort findest du am lustigsten? Schreibe auf.

____

4. Die folgende Liste enthält viele Fremdwörter. Lies zunächst leise und unterstreiche dabei alle Wörter, die schwierig sind. Übe dann mit der Methode aus Aufgabe 1, diese Wörter fehlerfrei zu lesen.

Zutatenliste Fruchtbonbons:

Glukosesirup, Zucker, Glukose-Fruktose-Sirup, konzentrierte Fruchtsäfte, Säuerungsmittel: Citronensäure und Milchsäure, gezuckerte und kondensierte Magermilch, Vitamin C, natürliches Orangenaroma mit anderen natürlichen Aromen, Niacin, Vitamin E, Pantothenat, Molkenerzeugnis, verschiedene Vitamine wie B2, B1, B6, B12 und Folsäure.

Vom Wort zum Satz

1. Lies die Pyramide Zeile für Zeile, bis du den kompletten Satz fehlerfrei und ohne zu stocken lesen kannst.

Ball

Fußball

Der Fußball

Der neue Fußball

Der neue Fußball liegt

Der neue Fußball liegt beim

Der neue Fußball liegt beim Nachbarn

Der neue Fußball liegt beim Nachbarn auf

Der neue Fußball liegt beim Nachbarn auf dem

Der neue Fußball liegt beim Nachbarn auf dem Garagendach.

2. Erstelle drei Satzpyramiden auf einem separaten Blatt. Tausche sie mit deinem Nachbarn aus. Versucht sie euch gegenseitig möglichst flüssig und fehlerfrei vorzulesen.

3. Tragt eure Lieblingspyramide der Klasse vor, indem ihr die Zeilen abwechselnd vorlest.

Info

Wenn du einen Satz liest, solltest du nicht Silbe für Silbe oder Wort für Wort lesen, sondern mehrere Wörter als Wortgruppen erfassen.
Beispiel für die Blicksprünge in einer Zeile:

Bei explosiven Vulkanen | wie beim Pinatubo | ist das Magma | dick und zäh | wie Honig.

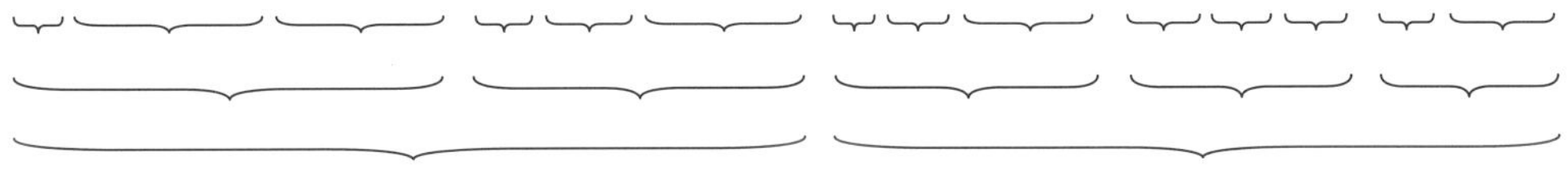

4. Zeichne im folgenden Satz den Blicksprung wie im Beispiel des Info-Kastens ein.

Das kleine, süße Meerschweinchen tobt mit seinen Freunden im Käfig herum.

5. Schreibe ein paar längere Sätze aus einem Buch ab. Markiere die Blicksprünge und lies laut. Versuche die Einheiten, die du erfasst, langsam zu vergrößern. Lies dann ohne Markierungen.

Ich suche „ein“ …

1. Wie oft findest du unter den folgenden Wörtern „ein“? Überfliege die Wörter möglichst schnell und kreise ein.

schwierig bis ein gehen laufen frieren ein
goss ein bis mit ein dazu auf ein für nie
und unter ein neben ein Eis darauf lang
reiten ein das der ein die bald spät von
ach toll ein lachen essen ein reden nett

Lösung: ______-mal

2. Wie viele Wörter enthalten die Buchstabenkombination „ein“? Kreise jedes „ein“, das du im Text findest, ein. Wie viele sind es? Versuche möglichst schnell zu lesen.

„Ich habe ein kleines Meerschweinchen“, sagt meine kleine Schwester zu meiner Tante Gesine.
„Das ist fein“, meint Tante Gesine. „Zeigst du es mir? Ist es in seinem Käfig?“
„Nein“, antwortet meine kleine Schwester. „Die Sonne scheint. Da darf Vergissmeinnicht, so heißt mein Meerschweinchen, draußen sein.“
Im Garten suchen die zwei Vergissmeinnicht. Das Meerschweinchen humpelt gerade in sein Häuschen hinein. „Oh, nein“, weint meine kleine Schwester. „Was ist denn mit seinem Bein?“
„Keine Sorge“, tröstet meine Tante. „Wir nehmen Vergissmeinnicht mit ins Haus hinein und sehen uns sein Beinchen genau an.“
Meine Schwester holt Vergissmeinnicht aus seinem Häuschen. „Oh, wie gemein, sein Beinchen blutet!“, ruft sie entsetzt.
„Schau, da ist ein spitzer Stein im Gras“, meint die Tante. „Da hat es sich vielleicht verletzt. Komm, wir gehen hinein und reinigen seine Wunde.“
Bereits kurze Zeit später läuft Vergissmeinnicht wieder vergnügt in seinem Käfig herum.
„Danke, Tante Gesine“, sagt meine kleine Schwester. „Du bist und bleibst meine allerliebste Tante.“
„Und deine einzige“, bemerkt Tante Gesine trocken und lacht.

Lösung: „ein“ kommt im Text ________-mal vor.

Wortendungen nutzen

Tipp

An bestimmten Wortendungen kannst du sofort erkennen, um welche Wortart es sich handelt. Wenn du die Endungen kennst, kannst du die Wörter schneller lesen.

1. Verwandle die folgenden Adjektive und Verben in Nomen / Substantive. Ordne jeweils drei der passenden Endung zu und schreibe sie auf.

sauber | erleben | achten | heiter | rein | umgeben | wagen | faul | gemein | enden | wirklich | erlauben

-heit	**-keit**	**-ung**	**-nis**

2. Verwandle die Nomen / Substantive in Adjektive. Ordne jeweils vier der passenden Endung zu. Manchmal gibt es mehrere Lösungen.

Bewegung | Glück | Schweigen | Form | Staub | Arbeit | Trauer | Glaube | Ruhe | Erholung | Ärger

-ig	**-lich**	**-los**	**-sam**

3. Lies die Sätze laut vor und korrigiere dabei gleich die falschen Wortendungen.

a) Unser Urlaub war ein tolles Erleb<u>heit</u>, aber leider nicht sehr erhol<u>los</u>.
b) Dein Sauberkeitsfimmel ist wirkig ärgersam.
c) Der Film hat mich sehr traurlich gestimmt. Aber deine Heiternis macht mich wieder fröhsam.
d) „Ich bin ja so glückig!“, rief die Braut nach ihrer Traunis.
e) Für den Sprachurlaub brauche ich noch die Erlaubheit von meinem Vater. Aber ich denke, ich bekomme sie ganz problemlich.
f) Es war ein großes Wagheit, auf den Baum zu klettern. Aber du bist eben unglaubig mutlich.

Fest gefügt

1. Trage unter die Nomen / Substantive passende Verben ein. Manchmal gibt es mehrere Lösungen.

ändern | bewältigen | nennen | drucken | verstehen

aufstellen | geben | erreichen | ausdenken | annehmen | setzen

programmieren | eingeben | beachten | missachten | aufzählen

korrigieren | kennen | knacken | lesen | lösen | ins Auge fassen

Info

In jeder Sprache passen bestimmte Verben und Nomen / Substantive zusammen, andere nicht. Beispiel: „Der Regen prasselt auf das Dach." Aber nicht: „Das Mehl prasselt in die Schüssel."

Text	Aufgabe	Computer	Passwort

Anleitung	Regel	Ziel	Beispiel

2. Füge die Nomen / Substantive aus Aufgabe 1 in die jeweils richtige Lücke ein.

a) Du hast mich nach allen ______________ der Kunst besiegt.

b) Ich verstehe diesen ____________ überhaupt nicht. Worum geht es darin eigentlich?

c) Du bist bei deiner Buchpräsentation etwas über das ____________ hinausgeschossen.

d) Nimm dir ein ________________ an deinem großen Bruder. Er ist immer fleißig in der Schule.

e) Meine Tochter kann bereits spielend mit dem ________________ umgehen.

f) Ich sehe es als meine ______________, dich über die Situation zu informieren.

g) Ich komme nicht mehr in das Programm. Ich habe das ____________________ vergessen.

h) Ich kann meinen Fotoapparat noch nicht richtig bedienen. Ich habe dummerweise die

__________________ verloren.

Was ist deine Meinung zu …?

1. Verbinde zu ganzen Sätzen.

Tipp
Überlege, ob du wirklich jedes Wort lesen musst oder ob du mit einer anderen Taktik schneller ans Ziel kommst.

Ein wirklicher Freund	in der Karibik.
Ich glaube,	sollte immer gerecht sein.
Ich mag Menschen,	hört mir immer zu.
Es stört mich,	liege ich auf dem Sofa und schaue fern.
Ein Lehrer	macht Spaß.
In der Schule	dass wir in 100 Jahren zum Mars fliegen können.
Am liebsten	wenn jemand beim Essen schmatzt.
Mein Lieblingsessen	die freundlich zu mir sind.
Lesen	muss ich lange still sitzen.
Ich mache gerne Urlaub	ist Pizza.

2. Deine Meinung ist gefragt. Vervollständige die Sätze. Tausche danach das Blatt mit deinem Partner. Wo seid ihr gleicher, wo unterschiedlicher Meinung? Sprecht darüber.

Ein wirklicher Freund ______________________

Ich glaube, ______________________

Ich mag Menschen, ______________________

Es stört mich, ______________________

Ein Lehrer ______________________

In der Schule ______________________

Am liebsten ______________________

Mein Lieblingsessen ______________________

Lesen ______________________

Ich mache gerne Urlaub ______________________

schWiEriGeS sChRiFtbiLd

1. Lies die folgenden Sätze möglichst ohne zu stocken. Achtung: In einige hat sich ein Wort zu viel eingeschlichen. Streiche diese Wörter durch.
Schreibe die Sätze a), b), c), i) und j) richtig in dein Heft.

a) ROSIFÄHRTMITIHREMGELBENSCHLAUCHBOOTAUFDEMBODENSEEHERUM.

b) Diesistwirklicheinesehrseltsameübung,abereigentlichgarnichtsoschwer.

c) pEtEr scHAut jeDen niE abENd mInDeSteNs ZWeI StUNdeN feRn.

d) Dieser Satz geht ab wie eine Achterbahn: ein kein Looping nach dem anderen.

e) Es war einmal eine kleine Schnecke mit einem klitzekleinen Schneckenhaus.

f) Ich mache jeden Tag einen Kopfstand und stehe eine halbe Stunde auf dem Kopf.

g) Ich hasse Wandern, immer geht's bergauf, bergab, bergauf, bergab.

h) Im Sommer gehe ich am liebsten in den hohen schmackhaften Wellen segeln.

i) In dsieem Staz stmimt acuh üerbhpaut nchits.

j) Irgndtws fhlt, br ws? Knnst d mr hlfn? In jdm Wrt snd d Vkl vrschwndn. Kmsch!

2. Erfinde und gestalte Sätze wie in Aufgabe 1 und präsentiere sie deinem Partner.

Hallo, Herr Doktor!

1. Was könnte der Patient zum Arzt sagen? Ergänze das Gespräch so, dass es einen Sinn ergibt.

Patient: ______________________________

Arzt: Guten Morgen. Wo tut es denn weh?

Patient: ______________________________

Arzt: Überall? Besonders im Bauch?

Patient: ______________________________

Arzt: Ah ja. Nun, essen Sie regelmäßig?

Patient: ______________________________

Arzt: Das sollten Sie ändern. Und was trinken Sie gerne?

Patient: ______________________________

Arzt: Das ist aber gar nicht gut. Treiben Sie Sport?

Patient: ______________________________

Arzt: Oje! Haben Sie etwa auch noch Stress?

Patient: ______________________________

Arzt: Da haben wir es. Sie müssen Ihre Ernährungsgewohnheiten umstellen und Stress abbauen.

Patient: ______________________________

Arzt: Ja, das ist alles. Sie sind ansonsten völlig gesund. Ich weiß, wovon ich spreche. Ich war nämlich früher auch gestresst.

Patient: ______________________________

Arzt: Ganz einfach. Ich habe meine Sprechzeiten verkürzt. Ihre ist jetzt leider auch schon um. Ich wünsche Ihnen noch einen schönen Tag. Die Rechnung für Ihren Besuch schicke ich Ihnen zu.

Patient: ______________________________

2. Lies das Gespräch mit einem Partner der Klasse vor. Achtet dabei auf eine dem Sinn angemessene Betonung.

2. Kapitel: Rätsel, Witze und Gedichte

Vorbemerkung

Im ersten Teil des Kapitels (KV Seiten 36–39) befassen sich die Schüler mit Rätselreimen und Gedichten. Sie lernen, Gedichte flüssig und rhythmisch vorzutragen sowie sinnerfassend zu lesen. Ferner verfassen sie ein Elfchen und ein Rondell. Sie entwickeln daran ihre poetischen Fähigkeiten und brechen ihr lineares Denken durch „Clustering" auf. Reim und Rhythmus von Gedichten regen das Sprachbewusstsein sowie die Fantasie der Schüler an und steigern ihre Lesemotivation.

Der zweite Teil des Kapitels enthält kleine, motivierende Texte wie Zungenbrecher und Witze, bei denen die Schüler ihr sprachliches und thematisches Vorwissen einbringen können. Anhand der Beispiele aus der Welt der Comics setzen sie Bild und Text bewusst in Beziehung. Auf Schwierigkeiten beim Lesen und Verstehen moderner Kommunikation wird mit einer eigenen Kopiervorlage eingegangen. Die abschließende Textaufgabe mit Rätselcharakter verlangt genaues Lesen, logisches Denken und Kombinationsfähigkeit.

Lehrplanbezug

- Flüssig, mit geeigneter Betonung (vor-)lesen
- Sinnerfassend lesen
- Lesemotivation und Lesetempo steigern, z. B. durch Unsinnssätze, Zungenbrecher
- Texten Informationen entnehmen
- Vorwissen einbeziehen
- Nonverbale Zeichen verstehen
- Bezüge zwischen Text und Bild herstellen

Zu den Kopiervorlagen

KV Seite 35

Basisseite: Rätsel, Witze und Gedichte

Diese Basisseite wiederholt Grundlagen des sinngestaltenden Vorlesens bzw. Vortragens eines Textes, lyrische Grundbegriffe sowie das genaue und sinnentnehmende Lesen. Anhand von Aufgabe 1 können Sie zusätzlich nach den Grundbegriffen Vers, Rhythmus und Strophe fragen und sie ggf. kurz wiederholen.

Lösung

Aufgabe 1:

Land, kommen, -ton

Im Gedicht geht es um das Wiederkehren des Frühlings und das Erleben mit allen Sinnen. Dass es sich um ein Gedicht handelt, erkennt man z. B. an den Reimen.

Aufgabe 2:

z. B.: Er ist's //
Frühling lässt sein blaues Band
Wieder flattern durch die Lüfte;
Süße, wohlbekannte Düfte
Streifen ahnungsvoll das Land. ↘
Veilchen träumen schon,
Wollen balde kommen. ↘
– Horch, // von fern ein leiser Harfenton! ↗
Frühling, // ja du bist's! ↗
Dich hab ich vernommen! ↘

Aufgabe 3:

a) Die Übung ist einfach und kein Problem. Was meinst du denn eigentlich dazu?
b) Peter ist schon wieder gesund. Das ist schön, aber kein Wunder. Er hat gestern dreizehn Tabletten genommen und zwei Liter Wasser in sich hineingeschüttet.
c) Mein kleines Meerschweinchen und mein schlauer Hamster sind schon drei Jahre und zwei Monate alt.

Lösung: „0" steht für „ei", „+" steht für „und" und „~" steht für „sch".

Aufgabe 4:

☒ „Gut. Ich hab nämlich meine Hausaufgaben nicht gemacht."

KV Seite 36

Dreimal darfst du raten

Mit dieser Kopiervorlage sollen die Schüler mit motivierenden Rätselreimen an das rhythmische Vorlesen und Vortragen von Gedichten herangeführt werden. Die meisten Kinder raten gerne, daher eignen sie sich gut für den Einstieg. Achten Sie darauf, dass beim Vorlesen nicht „geleiert" und am Versende beim Zeilensprung die Stimme nicht gesenkt wird.

Die Schüler können die Rätsel allein oder in Partnerarbeit lösen. Die Verse sind der Schwierigkeit nach angeordnet. Schwächere Leser befassen sich ggf. nur mit den ersten vier bis fünf Beispielen. Geübtere können gegeneinander antreten und um die Wette raten.

Lösung

1. Kuckuck, 2. Zwiebel, 3. Pilz, 4. Apfel, 5. Seifenblase, 6. Atem, 7. Spinne, 8. Schneeflocke, 9. Schatten, 10. Mund

Weiterführende Anregung

Die Schüler suchen oder erfinden selbst weitere Rätselreime und tragen sie der ganzen Klasse vor.

KV Seite 37

Lustiges von Ringelnatz

Die lustigen Tiergedichte von Ringelnatz machen neugierig und bereiten Freude am Lesen. In Aufgabe 1 fehlen die Reimwörter. Sie sind als Hilfe angegeben. Die Schüler sollen aus dem Gesamtzusammenhang erschließen, welche Reimwörter an welche Stelle passen. Geben Sie Tipps zur Herangehensweise, z. B. Lösen durch Ausschlussverfahren: „wie im …" → Hier muss ein Nomen folgen. Welche stehen zur Auswahl? Welches passt dort grammatikalisch hin, welches der Logik nach?

Lassen Sie die Schüler das Gedicht der Aufgabe 2 überfliegen. Gibt es Wörter, die sie nicht kennen? Erarbeiten Sie zusammen mit den Schülern Strategien, wie sie mit unbekannten Wörtern in einem Text umgehen können: aus dem Kontext erschließen, Lehrer fragen, im Lexikon nachschlagen. Die Aufgaben können in Einzel- oder Partnerarbeit erledigt werden.

Ermutigen Sie die Schüler im zweiten Teil der Aufgabe, unterschiedliche, auch unkonventionelle Vortragsweisen (z. B. Rappen, Singen) auszuprobieren. Klären Sie mit ihnen, welche Wörter und Ausdrücke besonders betont werden sollten. Welcher Rhythmus steckt im Gedicht?

Die letzte Aufgabe ist eine Reflexionsaufgabe für stärkere Schüler.

Lösung

Aufgabe 1:

Im Park
Ein ganz kleines Reh stand am ganz kleinen Baum
Still und verklärt wie im Traum.
Das war des Nachts elf Uhr zwei.
Und dann kam ich um vier
Morgens wieder vorbei.
Und da träumte noch immer das Tier.
Nun schlich ich mich leise – ich atmete kaum –
Gegen den Wind an den Baum,
Und gab dem Reh einen ganz kleinen Stips.
Und da war es aus Gips.
Reimschema: aabcbcaaee

Aufgabe 2:

Die Ameisen
In Hamburg lebten zwei Ameisen,
Die wollten nach Australien reisen.
Bei Altona auf der Chaussee,
Da taten ihnen die Beine weh.
Und da verzichteten sie weise,
Auf den letzten Teil der Reise.

Aufgabe 3:

z. B. besondere Anlässe: Jahreszeiten, Trauerfall oder Geburtstage; Gründe: Wirkung durch besondere Form und schönen Klang, Sprachspiel

Weiterführende Anregung

Reimspiel: Geben Sie den Schülern ein Wort oder einen Satz vor. Sie haben eine Minute Zeit, Reimwörter bzw. Verse zu finden. Gehen Sie dabei auch auf orthografische Unterschiede bei Reimen ein (z. B. Tee, Schnee, weh, Reh oder Tier, hier, mir, wir).

KV Seite 38

Elfchen und Rondell

Die Schüler werden durch zwei einfache Gedichte angeleitet, sich selbst produktiv mit der Textform Gedicht auseinanderzusetzen. Weisen Sie darauf hin, dass sich bei einem Gedicht die Verse nicht unbedingt reimen müssen.

Erklären Sie den Schülern ggf., bevor sie in Aufgabe 2 selbst ein Elfchen verfassen, was ein Cluster ist, wie es aussieht und wie sie damit Ideen für eigene Texte (nicht nur für Gedichte) sammeln können. Schreiben Sie evtl. das folgende Beispiel „Reiten" groß an die Tafel. Gruppieren Sie um das Thema herum die mit den Schülern gesammelten Wörter, z. B. Pferd – Stall – Wald – Ausritt – Hobby.

Lösung

Aufgabe 3:

Ein Rondell besteht aus acht Versen. Der erste, vierte und siebte Vers sind identisch. Die Versenden müssen sich nicht reimen.

Weiterführende Anregungen

- Die Schüler stellen den beiden Gedichtformen eine Prosafassung gegenüber und überlegen, wie sich die Wirkung eines Textes aufgrund seiner sprachlichen und formalen Gestaltung ändert.

- Die Schüler ersetzen in Aufgabe 1 beim wiederholten Lesen von „Hip-Hop“ die zweite und fünfte Zeile durch „schöne Bewegungen“ und „wunderbar“. Wie klingt das Elfchen jetzt? Welche Version gefällt den Schülern besser und warum?
- Die Schüler hängen die fertigen Gedichte im Klassenzimmer auf oder gestalten gemeinsam einen kleinen Gedichtband. Jeder Schüler erhält ein Exemplar und kann sich so stolz als Autor präsentieren.

KV Seite 39

Sinnvoller Unsinn?

Anhand von Aufgabe 1 üben Ihre Schüler das sinnerfassende Lesen. Sie unterstreichen im Gedicht die widersprüchlichen Wörter. Daran zeigt sich, ob sie beim Lesen nicht nur Zeichen dekodiert, sondern auch auf den Inhalt geachtet und die Widersprüche entdeckt haben. Wenn sie das Gedicht vortragen, sollten sie probieren, die Zeilen in einem gleichbleibenden Rhythmus zu sprechen, ohne zu „leiern“, und dabei die entscheidenden Wörter zu betonen.

In Aufgabe 2 denken sich die Schüler eigene Unsinnssätze aus, die sie der Klasse im Anschluss präsentieren. Leistungsstärkere Schüler können versuchen, die Sätze in Reimform zu bringen. Die Aufgabe eignet sich auch als Hausaufgabe.

Lösung

Aufgabe 1:

Dunkel war’s, der Mond schien helle,
Schneebedeckt die grüne Flur,
Als ein Wagen blitzeschnelle
Langsam um die Ecke fuhr.

Drinnen saßen stehend Leute,
Schweigend ins Gespräch vertieft,
Als ein totgeschoss’ner Hase
Auf der Sandbank Schlittschuh lief.

Und auf einer roten Bank,
Die blau angestrichen war,
Saß ein blondgelockter Junge
Mit kohlrabenschwarzem Haar.

Neben ihm ’ne alte Schrulle,
Zählte kaum erst sechzehn Jahr,
In der Hand ’ne Butterstulle,
Die mit Schmalz bestrichen war.

Droben auf dem Apfelbaume,
Der sehr süße Birnen trug,
Hing des Frühlings letzte Pflaume,
Und an Nüssen noch genug.

KV Seite 40

Zungenbrecher

Diese Kopiervorlage ist besonders für schwächere Leser motivierend, weil Zungenbrecher kurz und lustig sind und den Ehrgeiz anstacheln, sie richtig auszusprechen. Damit wird das deutliche, flüssige Lesen bzw. Vorlesen und die Wahrnehmungskonstanz trainiert. Leistungsstärkere Schüler nehmen sich den englischen Zungenbrecher vor und suchen evtl. im Englischbuch oder im Internet nach weiteren.

KV Seite 41

Ist das komisch!

Viele Witze beruhen auf einem überraschenden Missverständnis. Weil wir es entlarven können, also schlauer sind als zumindest eine der agierenden Personen, lachen wir. Die Witze auf der Kopiervorlage motivieren wegen ihrer Kürze auch schwächere Leser. In Aufgabe 1 lokalisieren die Schüler zunächst die entscheidenden Missverständnisse und erklären sich dann gegenseitig, worin der Witz besteht. Bevor die Schüler in Aufgabe 2 eigene Witze erzählen, besprechen Sie kurz, was einen guten Witzeerzähler ausmacht (nichts vorwegnehmen, ruhige Mimik und Gestik).

Lösung

Aufgabe 1:

a) steht; „stehen“ wird von Fritzchen wörtlich genommen; der Lehrer meint „aufgestellt sein“
b) kalt, 90 Grad; die mathematische Gradangabe wird auf die Temperatur übertragen
c) G; die Note „G“ wird ausgesprochen wie der Imperativ „geh!“
d) schneller rechnen; wenn jemand behauptet, er könne „schnell rechnen“, geht man davon aus, dass er auch richtig rechnen kann – auch wenn es nicht ausdrücklich gesagt wird

Weiterführende Anregungen

- Sie können wie bei den Gedichten die Witze der Schüler zu einem Witzebuch zusammenfassen.
- Bringen Sie ca. 15 Witze mit in den Unterricht und verteilen Sie sie an die Schüler, allerdings ohne die Pointe. Die Schüler versuchen zunächst, selbst eine zu entwerfen. Anschließend (oder alternativ) verteilen Sie Zettel, auf denen jeweils eine Pointe steht. Die Schüler müssen – evtl. in einer vorgegebenen Zeit – jedem Witz die richtige Pointe zuordnen.

KV Seite 42

Sprichst du „Donald Duckisch“?

Leseschwächere Schüler und Lesemuffel greifen wegen der vielen Bilder und geringen Textmenge gerne zu Comics. Anhand der Beispiele lernen sie, dass Texte ganz unterschiedlich gestaltet sein können, dass Inhalt und Form sich aufeinander beziehen und diese Text-

Bild-Beziehung eine Bedeutung hat, die für das Verständnis wichtig ist.

Bevor Sie Aufgabe 1 bearbeiten lassen, können Sie danach fragen, was die einzelnen Sprechblasen vermutlich ausdrücken (1. jemand spricht in normaler Lautstärke, 2. jemand ist sprachlos, 3. jemand denkt sich etwas, 4. jemand spricht laut, 5. jemand ist aufgebracht, verärgert, empfindet Schmerz). Wenn sich die Schüler über die Aussage der einzelnen Bilder klar sind, können sie den Text einfach zuordnen.

Lösung

Aufgabe 1:
1 c), 2 a), 3 b), 4 e), 5 d)

Aufgabe 2:
1 b), 2 e), 3 d), 4 a), 5 c)

Aufgabe 3:

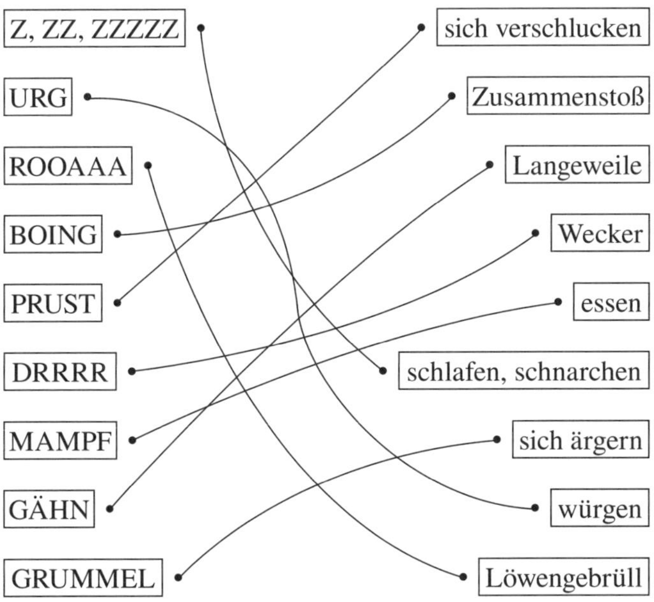

Weiterführende Anregungen

- Die Schüler bringen einen Comic ihrer Wahl mit in den Unterricht und spielen einen Ausschnitt daraus mit den entsprechenden Lauten, der richtigen Betonung sowie passender Mimik und Gestik vor.
- Die Schüler entwerfen einen eigenen kleinen Comic, der aus einer kleinen Bildersequenz besteht. Ihre Ergebnisse können in einem Band gesammelt werden.

KV Seite 43

Heute schon gesimst?

Diese Kopiervorlage möchte der Veränderung in der schriftlichen Kommunikation durch die neuen Medien, die auch bereits in die moderne Jugendliteratur Eingang gefunden hat, Rechnung tragen. Da die meisten Schüler heutzutage schon früh ein eigenes Handy, Smartphone oder einen eigenen Computer mit Internetzugang besitzen, tauschen sie sich zu einem großen Teil über SMS, E-Mail oder im Chat aus, anstatt zu telefonieren oder Briefe zu schreiben. Die beschleunigte schriftliche Kommunikation hat ihre eigene Sprache: Rechtschreibregeln werden missachtet und viele Abkürzungen verwendet, ohne deren Kenntnis ein Verstehen unmöglich ist.

In Aufgabe 1 und 2 geht es um die Zuordnung bzw. Entschlüsselung von SMS mit Rechtschreibfehlern, typischen Abkürzungen und Symbolen. Fragen Sie anschließend, welche Gefühle die SMS ausdrückt (eine freudige, positive Nachricht).

Die Aufgaben 3 und 4 befassen sich mit dem Sinn und Zweck von Emoticons. Sind die Schüler z. B. der Meinung, dass sie damit ihre tatsächlichen Gefühle gut widerspiegeln können? Wie könnte man die Abkürzungen in schöne Formulierungen übertragen?

Lösung

Aufgabe 1:

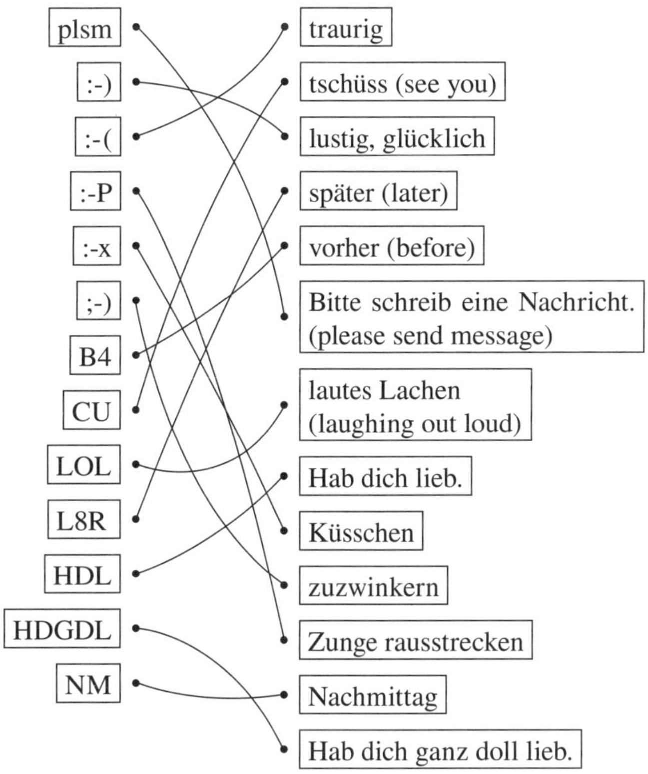

Aufgabe 2:
Muss dringend mit dir reden. Zeichen: glücklich. Samstagnachmittag, okay? Können wir uns in der Eisdiele um 14 Uhr treffen? Ich freue mich. Wie war Chemie? Hab dich ganz doll lieb. Zeichen: Küsschen. Schreib bitte zurück. Tom.

Aufgabe 3:
Chat, Forum, E-Mail

Aufgabe 4:
Mit Emoticons kann man Wortzeichen und Zeit beim Eingeben sparen sowie Gefühle ohne Worte ausdrücken. Die Zeichen sind leicht verständlich.

Weiterführende Anregung
Die Schüler schreiben sich gegenseitig (auf Papier) eine SMS, in der sie mindestens drei der Abkürzungen und Symbole aus Aufgabe 1 oder auch selbst erfundene verwenden. Versteht der Adressat die Nachricht so, wie sie gemeint war?

KV Seite 44

Wer sitzt wo?
Die Kopiervorlage schult das genaue Lesen, das logische Kombinieren und den Umgang mit Textaufgaben. Sie richtet sich an leistungsstärkere Schüler. Der geringe Textumfang und der Rätselcharakter motivieren aber auch schwächere Leser. Die Schüler können zu zweit arbeiten und sich beraten. So macht das Knobeln noch mehr Spaß und der einzelne fühlt sich nicht überfordert.

Lösung
Aufgabe 2:

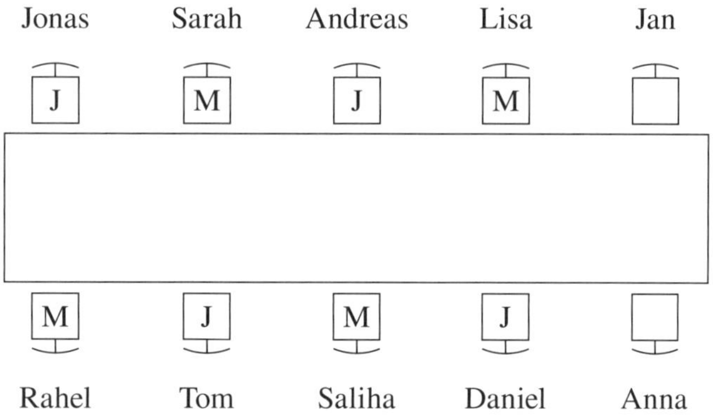

Weiterführende Anregung
Das Spiel „Stille Lesepost“ verlangt von den Schülern genaues und schnelles Lesen, eine deutliche Aussprache sowie ein gutes Gedächtnis. Geben Sie einem Schüler einen Zettel, auf dem ein Satz steht. Er darf ihn nur kurz lesen. Dann faltet er ihn so, dass man den ursprünglichen Satz nicht mehr lesen kann, und schreibt aus dem Gedächtnis darunter, was er sich gemerkt hat. Er reicht das Papier an den nächsten weiter. Dieser verfährt damit ebenso usw. Wie lautet der Satz des letzten Schülers? Was stimmt noch mit dem Originalsatz überein? Sie können die Klasse für das Spiel auch in drei Gruppen einteilen.

Basisseite: Rätsel, Witze und Gedichte

1. Setze die passenden Reime ein. Fasse kurz in eigenen Worten zusammen, worum es in dem Gedicht geht. Woran erkennst du, dass es sich um ein Gedicht handelt?

Er ist's

Frühling lässt sein blaues Band
Wieder flattern durch die Lüfte;
Süße, wohlbekannte Düfte

Streifen ahnungsvoll das __________.

Veilchen träumen schon,

Wollen balde __________.

– Horch, von fern ein leiser Harfen________!
Frühling, ja du bist's!
Dich hab ich vernommen!

Eduard Mörike

____

____

____

____

____

____

____

____

____

2. Lies das Gedicht sinngestaltend vor. Zeichne ein, wo du eine kurze Pause machst und wo du die Stimme hebst oder senkst. Unterstreiche Wörter, die du betonen willst.

3. Versuche, die folgenden Sätze zu lesen. Finde heraus, wofür die Zeichen „0", „+" und „~" stehen.

a) Die Übung ist 0nfach + k0n Problem. Was m0nst du denn 0gentlich dazu?

b) Peter ist ~on wieder ges+. Das ist ~ön, aber k0n W+er. Er hat gestern dr0zehn Tabletten genommen + zw0 Liter Wasser in sich hin0nge~üttet.

c) M0n kl0nes Meer~w0nchen + m0n ~lauer Hamster sind ~on dr0 Jahre + zw0 Monate alt.

Lösung: „0" steht für ______, „+" steht für ______ und „~" steht für ______.

4. Wie endet der Witz richtig? Kreuze an.

Erste Stunde, Mathematikunterricht: „Herr Striebel, kann man eigentlich für etwas bestraft werden, was man gar nicht gemacht hat?" – „Natürlich nicht!" –

- ☐ „Gut. Dann bin ich aber beruhigt."
- ☐ „Gut. Dann können Sie mir eine Eins geben."
- ☐ „Gut. Ich hab nämlich meine Hausaufgaben nicht gemacht."

Dreimal darfst du raten

Kannst du diese Rätselreime lösen? Schreibe die Lösung auf.

1. Sag mir doch den Vogel an,
Der seinen Namen rufen kann.

2. Was hat sieben Häute
Und beißt alle Leute?

3. Der arme Tropf
Hat einen Hut und keinen Kopf.
Und hat dazu
Nur einen Fuß und keinen Schuh.

4. Im Häuschen mit fünf Stübchen
Da wohnen kleine, braune Bübchen.
Weder Fenster noch Tür führt rein und raus,
Wer sie besucht, verzehrt ihr Haus.

5. An Form bin ich ganz kugelrund,
Durchscheinend, leicht und herrlich bunt.
Ein schwacher Hauch macht, dass ich bin.
Durch einen Stoß bin ich dahin.

6. Das Kalte mache ich warm,
Das Heiße mache ich kalt.
Es hat mich Reich und Arm,
Wer lang mich hat, wird alt.

7. Ich, ein kleines Tierchen, bin
Die geübteste Jägerin.
In den Winkeln an den Mauern
Pflege ich aufs Wild zu lauern.
Ohne Hund und Schießgewehr.
Netze spann ich um mich her,
Und mein Tisch bleibt selten leer.

8. Es fällt herab vom Himmel,
Ist weißer als ein Schimmel,
Ist wie ein Bettchen weich.
Zerfließt zu Wasser gleich
Und macht dann nass.
Was ist wohl das?

9. Nun Kinder könnt ihr raten
Auf einen Kameraden,
Der, wo ihr geht und wo ihr steht,
Getreulich immer mit euch geht.
Bald lang und schmal, bald kurz und dick,
Bald geht er vorwärts, bald zurück,
Doch immerdar mit euch vereint,
Solang die Sonn' am Himmel scheint.
Wo weder Sonne scheint noch Licht,
Ist auch der Kamerade nicht.

10. Ich weiß ein Ställchen
Mit weißen Gesellchen.
Es regnet nicht rein,
Es scheint nicht hinein,
Ist aber doch stets nass.
Sag, was ist wohl das?

Lustiges von Ringelnatz

Joachim Ringelnatz (1883 – 1934), eigentlich Hans Gustav Bötticher, war ein deutscher Schriftsteller, Kabarettist und Maler. Er verfasste mehrere lustige Tiergedichte.

1. Setze die Reimwörter an die richtige Stelle und notiere das Reimschema. Trage das Gedicht sinngestaltend vor.

Im Park

Ein ganz kleines Reh stand am ganz kleinen ________

Still und verklärt wie im ________.

Das war des Nachts elf Uhr ________.

Und dann kam ich um vier

Morgens wieder vorbei.

Und da träumte noch immer das ________.

Nun schlich ich mich leise – ich atmete ________ –

Gegen den Wind an den ________,

Und gab dem Reh einen ganz kleinen Stips.

Und da war es aus ________.

Tipp

Überlege dir bei deinem Vortrag, was zur Form und zum Inhalt passt. Soll er lustig oder traurig, leise oder laut werden? Welche Betonung passt, wo gibt es kleine Pausen? Kannst du passende Bewegungen zu deinem Vortrag machen? Lerne das Gedicht auswendig, damit du in der Gestaltung freier bist.

Traum | zwei | Tier | Baum | Gips | kaum | Baum

Reimschema: ________

2. Finde die richtigen Reime und setze ein. Trage das Gedicht vor.

Die Ameisen

In Hamburg lebten zwei Ameisen,

Die wollten nach Australien ________.

Bei Altona auf der Chaussee,

Da taten ihnen die Beine ________.

Und da verzichteten sie weise,

Auf den letzten Teil der ________.

3. Welche Anlässe und Gründe gibt es, um Gedichte zu schreiben? Schreibe auf. Vergleiche mit einem Partner.

____

Elfchen und Rondell

Ein Elfchen ist ein Gedicht, das aus elf Wörtern besteht, die immer in der folgenden Form angeordnet sind.

1. Zeile – 1 Wort
2. Zeile – 2 Wörter
3. Zeile – 3 Wörter
4. Zeile – 4 Wörter
5. Zeile – 1 Wort

1. Lies die Elfchen laut vor.

Fußball
Grüner Rasen.
Die Zuschauer johlen.
Ich schieße ein Tor.
Weltmeister!

Hip-Hop
Coole Moves!
Ich tanze mit.
Morgen ist unser Auftritt.
Toll!

2. Verfasse ein eigenes Elfchen. Erstelle zunächst auf einem separaten Blatt ein Ideennetz (Cluster), das dir helfen soll, deinen Gedanken freien Lauf zu lassen.

1 Wort ____________________

2 Wörter ____________________

3 Wörter ____________________

4 Wörter ____________________

1 Wort ____________________

3. Lies das folgende Rondell. Welche Merkmale weist diese Gedichtform auf? Trage es anschließend sinngestaltend vor.

Lampenfieber

Heute ist Finale.
Ich stehe in der Kabine und zupfe mir die Haare zurecht.
Mein Spiegelbild lächelt mir zitternd zu.
Heute ist Finale.
Ich stehe hinter der Bühne und schaue der Konkurrenz zu.
Mein Lied beginnt, der Vorhang geht auf, meine Knie sind butterweich.
Heute ist Finale.
Ich tanze wie im Traum.

____
____
____
____
____
____

Sinnvoller Unsinn?

1. Lies das Gedicht. Unterstreiche alle Wörter, die sich widersprechen.

Dunkel war's, der Mond schien helle,
Schneebedeckt die grüne Flur,
Als ein Wagen blitzeschnelle
Langsam um die Ecke fuhr.

Drinnen saßen stehend Leute,
Schweigend ins Gespräch vertieft,
Als ein totgeschoss'ner Hase
Auf der Sandbank Schlittschuh lief.

Und auf einer roten Bank,
Die blau angestrichen war,
Saß ein blondgelockter Junge
Mit kohlrabenschwarzem Haar.

Neben ihm 'ne alte Schrulle,
Zählte kaum erst sechzehn Jahr,
In der Hand 'ne Butterstulle,
Die mit Schmalz bestrichen war.

Droben auf dem Apfelbaume,
Der sehr süße Birnen trug,
Hing des Frühlings letzte Pflaume,
Und an Nüssen noch genug.

Unbekannter Verfasser

2. Denke dir selbst vier Sätze aus, die Widersprüche enthalten. Kannst du sie auch in Reimform bringen? Schreibe auf.

Zungenbrecher

1. Lies die Zungenbrecher zunächst leise für dich. Versuche dann, sie fehlerfrei und ohne Stocken immer schneller zu sprechen.

Zwischen zwei Zwetschgenzweigen sitzen zwei zwitschernde Schwalben.

Schneiders Scheren schneiden scharf, scharf schneiden Schneiders Scheren.

Hinter Herrmann Hannes Haus hängen hundert Hemden raus.
Hundert Hemden hängen raus hinter Herrmann Hannes Haus.

Schmierige, schleimige Schnecken schmecken scheinbar schrecklich scheußlich.
Schrecklich scheußlich schmecken scheinbar schmierige, schleimige Schnecken.

Früh fressen fünf freche, fiese Frösche flink fröhlich fleischige Früchte.
Fünf freche, fiese Frösche fressen früh flink fröhlich fleischige Früchte.

Schweizer Schwertschweißer schweißen Schweizer Schwerte,
Schweizer Schwerte schweißen Schweizer Schwertschweißer.

Der dicke Dachdecker deckt dir dein Dach,
drum dank dem dicken Dachdecker,
dass der dicke Dachdecker dir dein Dach deckt.

Zehn zahme zottelige Ziegen ziehen zügig zwölf zickige Zebras zum zugigen Züricher Zoo.
Zum zugigen Züricher Zoo ziehen zügig zehn zahme zottelige Ziegen zwölf zickige Zebras.

She sells seashells and the seashells she sells are seashells she's sure.

2. Erfinde einen eigenen Zungenbrecher. Sprich ihn deinem Partner mehrmals vor. Versuche das Tempo zu steigern. Achte darauf, dass man jedes Wort verstehen kann.

Ist das komisch!

1. Finde die Stellen oder Wörter in den Texten, die missverstanden wurden, und unterstreiche sie. Erklärt euch dann die Witze gegenseitig.

a)
Fragt der Lehrer: „Warum steht die Freiheitsstatue in New York?“
Ruft Fritzchen vorlaut:
„Weil sie sich nicht hinsetzen kann.“

b)
Frage: Wo stellt sich ein Mathematiker hin, wenn es kalt ist?
Antwort: In eine Ecke. Da sind 90 Grad.

c)
Musiklehrerin: „Klaus, sing bitte mal ein C!“
Klaus singt das C.
„Und nun ein F.“ Klaus singt das F.
„Sehr schön“, lobt die Lehrerin. „Und nun bitte G!“
„Wie Sie meinen“, sagt Klaus, packt seine Bücher in die Schultasche und geht.

d)
„Ich kann schneller rechnen als mein Lehrer.“
„Dann sag mal: Was ist fünf mal fünf?“
„55.“
„Aber das ist doch total falsch.“
„Schon, aber auch total schnell.“

2. Kennst du einen guten Witz? Erzähle ihn deiner Klasse. Achte darauf, wie du den Witz vorträgst.

Sprichst du „Donald Duckisch“?

1. Welcher Text passt zu welcher Sprechblase? Schreibe zu jeder Sprechblase den entsprechenden Buchstaben.

a) Häää?
b) Oh Mann, hoffentlich nimmt der Lehrer mich heute nicht dran.
c) Wer möchte heute Goethes „Erlkönig“ vortragen?
d) Autsch!
e) Hallo! Ich hab euch was gefragt.

1. ☐ 2. ☐ 3. ☐ 4. ☐ 5. ☐

2. Im Comic werden Symbole verwendet, um Gefühle und Gedanken darzustellen. Ordne richtig zu.

a) Idee
b) Liebe
c) Wut
d) Verständnislosigkeit
e) Erstaunen

1. ☐ 2. ☐ 3. ☐ 4. ☐ 5. ☐

3. Welches Geräusch bedeutet was? Verbinde mit der passenden Bedeutung.

Z, ZZ, ZZZZZ •	• sich verschlucken
URG •	• Zusammenstoß
ROOAAA •	• Langeweile
BOING •	• Wecker
PRUST •	• essen
DRRRR •	• schlafen, schnarchen
MAMPF •	• sich ärgern
GÄHN •	• würgen
GRUMMEL •	• Löwengebrüll

Heute schon gesimst?

1. Verbinde die folgenden Abkürzungen und Symbole (= Emoticons) mit ihrer Bedeutung.

plsm •	• traurig
:-) •	• tschüss (see you)
:-(•	• lustig, glücklich
:-P •	• später (later)
:-x •	• vorher (before)
;-) •	• Bitte schreib eine Nachricht. (please send message)
B4 •	• lautes Lachen (laughing out loud)
CU •	• Hab dich lieb.
LOL •	• Küsschen
L8R •	• zuzwinkern
HDL •	• Zunge rausstrecken
HDGDL •	• Nachmittag
NM •	• Hab dich ganz doll lieb.

2. „Übersetze" die SMS und schreibe sie auf.

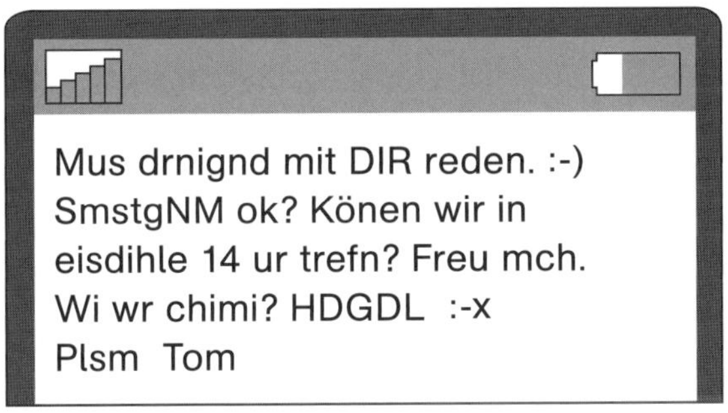

____

____

____

____

____

3. Wo verwendet man diese Abkürzungen und Emoticons sonst noch?

____

4. Schreibe drei Gründe auf, warum es Emoticons gibt.

____

____

Wer sitzt wo?

1. Lies den Text.

Anna und Jan möchten den Tischtennissieg ihrer Mannschaft mit einem großen Schokoladenfondue feiern. Sie möchten aber verhindern, dass beim Essen Kinder nebeneinandersitzen, die sich nicht mögen. Daher tüfteln sie an einer Tischordnung, mit der jeder Gast zufrieden sein kann. Das ist allerdings gar nicht so einfach.

Anna und Jan sitzen sich am rechten Tischende gegenüber. Sie haben acht Gäste eingeladen.

Es gibt ein paar Bedingungen zu beachten:

- Bei den Gästen sollen die Mädchen (M) und Jungen (J) abwechselnd am Tisch sitzen.
- Die Kinder, die sich gut verstehen, dürfen entweder nebeneinander oder genau gegenüber voneinander sitzen.
- Die Kinder, die nicht gut miteinander auskommen, dürfen nicht nebeneinander und auch nicht genau gegenüber voneinander sitzen.

2. Lies die Informationen über die Kinder genau. Versuche die Tischkärtchen richtig zu setzen. Findest du die optimale Tischordnung?

1. Jonas mag Lisa nicht.
2. Daniel und Saliha finden sich toll.
3. Anna und Tom kommen nicht miteinander klar.
4. Andreas findet Rahel ziemlich anstrengend.
5. Saliha geht Anna auf die Nerven.
6. Rahel und Jan haben sich in der Schule gestritten.
7. Andreas mag Lisa.
8. Sarah kommt gut mit Jonas aus.
9. Lisa schwärmt für Daniel.
10. Tom und Lisa verstehen sich nicht gut.
11. Sarah und Tom sind gute Freunde.
12. Jan spielt gerne mit Daniel Fußball.

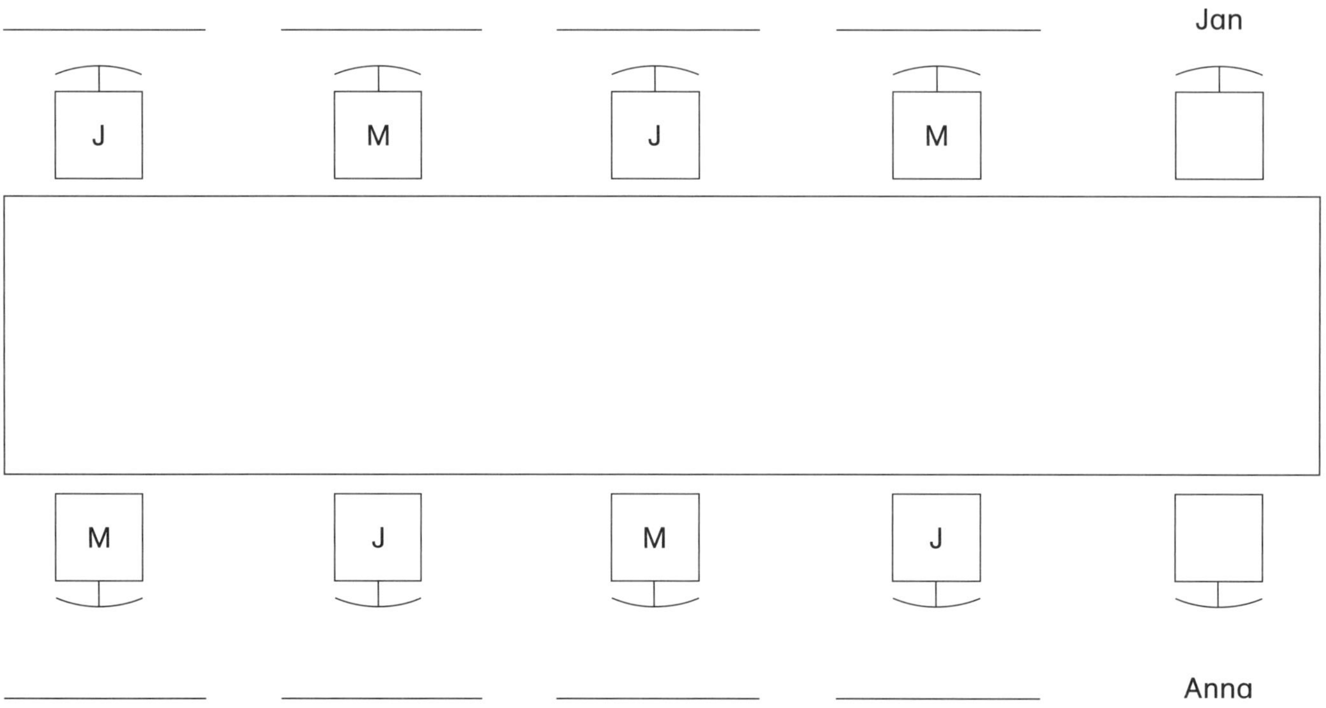

3. Kapitel: Sach- und Gebrauchstexte

Vorbemerkung

Das dritte Kapitel beschäftigt sich intensiv mit den unterschiedlichen Formen von Sachtexten, mit denen die Schüler in ihrem Alltag konfrontiert werden. In den verschiedenen Unterrichtsfächern hängt ihr Erfolg zu einem großen Teil davon ab, ob sie die Lehr- oder Aufgabentexte verstanden haben und das Gelesene umsetzen können. Daher üben die Schüler in diesem Kapitel u. a. Texte zu untergliedern, ihnen Informationen zu entnehmen und diese ggf. mithilfe eines Lexikons oder des Internets zu überprüfen.

Bei der Bezeichnung von Sachtexten gibt es unterschiedliche Ansätze. Mit den Begrifflichkeiten wird hier folgendermaßen verfahren:

- Sach- und Gebrauchstexte unterscheiden sich von literarischen Texten in ihrem Wirklichkeitsbezug (nicht-fiktional vs. fiktional) und in ihrer Absicht (informierend, appellierend, instruierend, regulierend, argumentierend vs. erzählend, unterhaltend).
- Sachtexte: lineare oder kontinuierliche Texte wie z. B. Lexikonartikel
- Gebrauchstexte: werden oft auch als nicht-lineare oder nicht-kontinuierliche/diskontinuierliche Texte bezeichnet; sie haben unterschiedliche Formen: Fahrpläne, Diagramme, Tabellen, Schaubilder, Verzeichnisse, Land-/Wetterkarten, Programme, Rezepte usw.

Lehrplanbezug

- Sinnerfassendes, informationsentnehmendes Lesen
- Vorwissen für die Textarbeit nutzen
- Verständnisschwierigkeiten lokalisieren
- Mit einem Lexikon arbeiten, Medien als Informationsquelle nutzen
- Texte in Abschnitte gliedern, Teilüberschriften finden
- Fragen an einen Text stellen
- Leseergebnisse visualisieren (Tabelle, Diagramm)
- Texte vergleichen
- Text-Bild-Relationen herstellen
- Textabsicht erkennen und bewerten
- Eigenen Standpunkt erläutern

Zu den Kopiervorlagen

KV Seite 55

Basisseite: Sach- und Gebrauchstexte

Anhand dieser Basisseite wiederholen die Schüler Grundlegendes zum Umgang mit Sachtexten. Sie wenden die 5-Schritt-Lesemethode, die die meisten aus vergangenen Schuljahren kennen, auf einen Beispieltext an. Sie ist natürlich nicht nur auf Sachtexte anzuwenden, sondern auch auf literarische Texte.

Lösung

1. Schritt: Märchenerzähler, Hans Christian Andersen, Lebensgeschichte; Vorwissen: z. B. die kleine Meerjungfrau, Dänemark; Textsorte: Sachtext, kurze Lebensbeschreibung (Biografie)
2. Schritt: z. B. Wann und wie lebte Andersen? Schrieb er nur Märchen?
3. Schritt: Schlüsselwörter: z. B. Märchen, Andersen
4. Schritt: Der Text lässt sich in fünf Abschnitte unterteilen, die den Absätzen auf der Kopiervorlage entsprechen. Teilüberschriften: z. B. (1) Schwere Kindheit, (2) Ausbildung und erste Erfolge, (3) Reisen und Erfolge als Erwachsener, (4) Andersens Märchenhelden, (5) Andersens Lebensende

KV Seite 56

Texte mit Absicht

Leiten Sie die Beschäftigung mit dem Arbeitsblatt mit dem Hinweis darauf ein, dass man Texte aufgrund ihrer Absicht unterscheiden kann: Wollen sie in erster Linie informieren oder unterhalten? Befassen sie sich mit einer fiktionalen oder mit der realen Welt?

Die Aufgabe bietet verschiedene Sachtextausschnitte, anhand derer die Schüler das überfliegende und orientierende Lesen üben: Um welche Textart handelt es sich? Was verrät z. B. die Gestaltung des Textes über den Inhalt? Die Schüler lesen die einzelnen Textauszüge und versuchen, sie den verschiedenen Textarten zuzuordnen. Sie können ihr Ergebnis mündlich erläutern.

Lösung

Die Texte sind bis auf d) Sachtexte (kontinuierliche Texte).

a) Ankündigung einer Veranstaltung, Absicht: Werben (appellierend), erkennt man z. B. am auffordernden Charakter („Singen Sie mit uns“), Terminangabe
b) Backrezept, Absicht: Anleitung (instruierend), erkennt man z. B. an den Zeit- und Gradangaben
c) Aufruf zum Handeln, Absicht: Überzeugen (appellierend), erkennt man z. B. am wiederholten „es/das muss“, „wir brauchen“

d) literarischer Text, Absicht: Unterhaltung/lebendige Schilderung vergangener Zeiten, erkennt man z. B. an der Innensicht von Personen („Sie freute sich …"), Quelle: Wolfgang Gröne, Lucius, Sklave Roms, Hase und Igel Verlag, Garching b. München 2007
e) Lexikonartikel, Absicht: Informieren, erkennt man z. B. an sachlichen Formulierungen und genauen Angaben
f) Radioprogramm, Absicht: Informieren, Gebrauchstext, erkennt man z. B. an den Zeitangaben

KV Seite 57

Man nehme …

Die Schüler lernen in Aufgabe 1, auf Signalwörter zu achten und eine Abfolge von Arbeitsschritten logisch zu erschließen, und in Aufgabe 2 und 3, genau und sinnerfassend zu lesen.

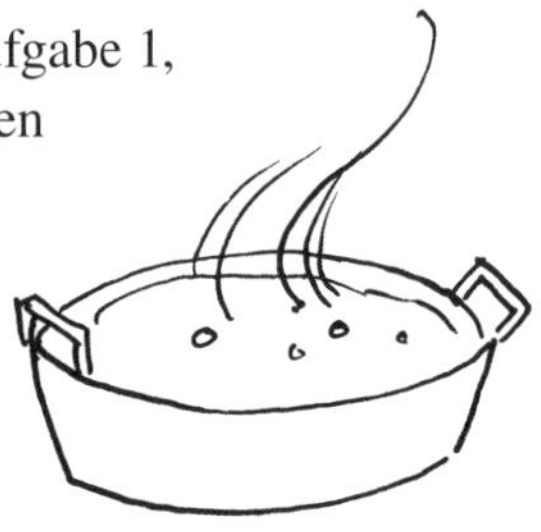

In Aufgabe 4 denken die Schüler darüber nach, wie sie mit unbekannten Fachbegriffen umgehen können. Während sie sich z. B. in informierenden Sachtexten die Bedeutung von Fremdwörtern oft aus dem Zusammenhang erschließen können, ist das bei Kochrezepten meistens unmöglich. Die Motivation, unbekannte Zutaten oder Arbeitsschritte nachzuschlagen, ist bei Rezepten hoch, weil man die Gerichte sonst nicht nachkochen kann.

Lösung

Aufgabe 1:

1 Vorsichtig einige große Blätter vom Wirsingkopf abschälen. (S)
2 Die Wirsingblätter kurz in kochendem Salzwasser blanchieren. (C)
3 Dann die dünnen Putenschnitzel klopfen und mit Salz und Pfeffer würzen. (H)
4 Danach die Wirsingblätter auf einem Brett auslegen, auf jedes Blatt ein dünnes Schnitzel legen und zu einer Roulade aufrollen. (N)
5 Nun die Kartoffelstärke mit Wasser anrühren, Ajvar und Sahne zugeben und gut verrühren. (I)
6 Anschließend noch die Rinderspeckwürfel kurz anbraten und in die Soße geben. (T)
7 Zuletzt die Röllchen in eine Auflaufform legen und mit der Soße übergießen. (Z)
8 Das Ganze muss für ca. 30 Minuten bei 180 Grad in den Backofen. (E)
9 Als Beilage passt gedünsteter Reis mit Zwiebeln oder Salat mit Brot. (L)

Lösungswort: SCHNITZEL

Aufgabe 2:

Die Putenschnitzel müssen sehr dünn sein, du klopfst sie und würzt sie mit Salz und Pfeffer. Wenn die Rouladen in der Auflaufform liegen, übergießt du sie mit der Soße. Die Auflaufform kommt für 30 Minuten bei 180 Grad in den Backofen.

Aufgabe 3:

Wirsingblätter, Putenschnitzel, Salz, Pfeffer, Kartoffelstärke, (Wasser), Ajvar, Sahne, Rinderspeckwürfel

Aufgabe 4:

Ajvar: Paprika-Auberginen-Paste
blanchieren: Gemüse in kochendes Wasser geben und anschließend mit kaltem Wasser abschrecken
Roulade: gerollte, gebratene Fleischscheibe
Unbekannte Wörter schaue ich im Lexikon oder im Internet nach.

KV Seite 58

Ein Spiel – zwei Varianten

Die Schüler lesen zwei Varianten des beliebten Gesellschaftsspiels „Mensch ärgere dich nicht". Der Vergleich der beiden Beschreibungen in Aufgabe 1 erfordert genaues Lesen und Erfassen des Gelesenen. Zunächst werden die Regelunterschiede herausgefiltert und unterstrichen. Die Fragen aus Aufgabe 2 gehen noch stärker auf das Textverständnis ein. Sie verlangen evtl. ein nochmaliges Lesen bzw. Scannen des Textes.

Lösung

Aufgabe 1:

1. Wer die höchste … / Der jüngste Spieler beginnt.
2. Bei jeder Sechs müssen zunächst alle Figuren … / Bei jeder Sechs darf eine beliebige Figur …
3. In dem Fall setzt man eine andere Figur. / Man darf aber maximal zwei eigene Figuren …
4. Ziel ist es, alle seine Figuren … / Ziel ist es, eine Figur …
5. Man darf im Ziel keine Figur überspringen/–

Aufgabe 2:

a) Variante 2, weil nur eine Figur im Ziel sein muss.
b) Bei einer Sechs darf man eine beliebige Figur setzen und noch einmal würfeln.
c) Die Figuren kommen mit einer Sechs aus dem Haus.

KV Seite 59

Das Mikroskop

In Aufgabe 1 geht es zunächst um das Erkennen und Trennen der einzelnen Fachbegriffe. Den ersten Kontakt zum anschließenden Text schafft die Wortschlange.

Aufgabe 2 ist aufgrund der Verwendung vieler Fremdwörter anspruchsvoll. Die Schüler versuchen anhand der Stichworthilfen den richtigen Begriff in die Sätze einzusetzen. Fragen Sie die Schüler, welche Strategie sie anwenden, um die Aufgabe zu lösen. Gibt es unterschiedliche Ansätze? Lassen Sie die Schüler die verschiedenen Vorschläge ausprobieren:

- Begriffe, die ich schon kenne, setze ich zuerst ein.
- Wenn nichts bekannt ist, überfliege ich die Sätze, picke den einfachsten Sachverhalt heraus und versuche mir davon ausgehend den Rest Stück für Stück klar zu machen.
- Ich beginne mit a), suche die Entsprechung, mache mit b) weiter.
- Wenn ich mit einem Satz nicht weiterkomme, markiere ich ihn und komme zum Schluss auf ihn zurück.

Das erworbene Wissen wird in Aufgabe 3 abschließend in die Grafik übertragen. Damit wird die Zuordnung von Begriffen zu einem Schaubild geübt.

Lösung

Aufgabe 1:

Tubus / Blende / Objektiv / Okular / Objekttisch / Lampe / Grobtrieb / Stativ

Aufgabe 2:

b) Um das Bild scharf zu machen, benutzt man das Stativ. 8

c) Die Helligkeit kann man mit dem Grobtrieb und dem Feintrieb richtig einstellen. 9

d) Die Verbindung zwischen dem Okular und dem Objektiv heißt Blende. 4

e) Das Mikroskop kann man an der Lampe zum Tragen anfassen. 1

f) Der Objekttisch ist die Linse, durch die man ins Mikroskop schaut. 3

g) Die verschiedenen Objektive stellt man mit den Klammern ein. 5

h) Das Objekt, das betrachtet werden soll, liegt auf dem Okular. 6

i) Der Revolver hält den Objektträger fest. 7

Aufgabe 3:

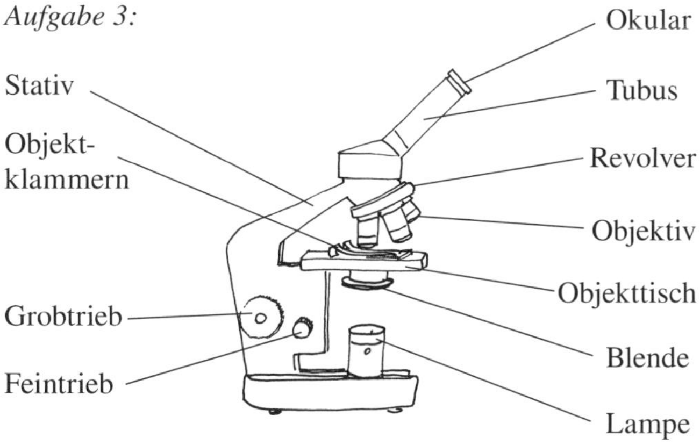

Weiterführende Anregung

Memoriertechnik: Die Schüler prägen sich die Mikroskopbegriffe ein, indem sie sich gegenseitig abfragen. Sie fragen nach der Funktion der Teile bzw. verdecken die Auflösung in der Grafik und der Partner muss die Teile richtig benennen.

Besprechen Sie mit den Schülern weitere Memoriertechniken (z. B. Kärtchen schreiben, zunächst nur ein paar Begriffe lernen, danach jeweils zwei oder drei dazunehmen, Bewegungen zu den Begriffen ausdenken für die kinästhetischen Lerntypen, laut wiederholen für die auditiven Lerner und an der Grafik wiederholen für die visuellen Lerner).

KV Seite 60

Wie baue ich einen Kraftmesser?

Ein großes Problem stellt für viele Schüler das genaue Befolgen von Anweisungen dar. Manche sind mit dem Entziffern einzelner Wörter so beschäftigt, dass sie während des Lesens keinen Sinn konstruieren und daher nach der Lektüre den Inhalt des gelesenen Textes nicht kennen. Da die Bewältigung besonders von anleitenden Texten in vielen Schulfächern grundlegend für den Lernerfolg ist, üben die Schüler auf dieser Kopiervorlage mithilfe einer Bauanleitung aus dem Physikunterricht das informationsentnehmende Lesen. Sie überprüfen Behauptungen zum Text. Dafür müssen sie das Thema „Kraft" im Physikunterricht nicht behandelt haben. Wenn doch, können Sie die Schüler vorab fragen, was sie über Kraft oder Kraftmesser wissen, um ihr Vorwissen zu aktivieren.

Geben Sie den Schülern mindestens fünf Minuten Zeit für das Durchlesen des Textes. Fragen Sie evtl. im Anschluss daran, in welchen Schritten sie sich den Text erschließen, z. B. sich konzentrieren, unbekannte Begriffe klären und Wichtiges unterstreichen. Sie sollten versuchen, sich möglichst viel vom Inhalt zu merken. Ob dies gelingt, zeigt die zweite Übung.

Bevor die Schüler mit Aufgabe 2 beginnen, können Sie sie den Text mit einem Blatt abdecken lassen, sodass nur noch die Tabelle sichtbar ist. Sie versuchen dann aus der Erinnerung zu entscheiden, ob die Sätze richtig oder falsch sind. Besprechen Sie die Ergebnisse mit den Schülern. Wenn manche von ihnen kein gutes Ergebnis erzielt haben, fragen Sie nach, woran es gelegen hat: War die Lesezeit zu kurz? War der Text zu umfangreich? Gab es Verständnisprobleme? War es zu laut in der Klasse? Diese Analyse kann den betroffenen Schülern helfen, beim nächsten Mal besser abzuschneiden.

Lösung

Aufgabe 2:

	richtig	falsch	steht nicht im Text
1. Du lernst, wie man einen Kraftmesser baut.	X		
2. Du benötigst einen Tetra Pak (1,5 l), einen Hosengummi, einen Stift, farbiges Papier, 2 Tafeln Schokolade (je 50 g), einen Locher und Klebeband.		X (je 100g)	
3. Du bohrst in die lange, breite Seite mittig ein Loch.	X		
4. Das Loch muss mindestens einen Durchmesser von 2 cm haben.			X
5. Du schneidest vom Gummi ein Stück von ca. 10 cm ab.		X (60 cm)	
6. Nehmt das farbige Papier.	X		
7. Der Lehrer lobt deinen schönen Kraftmesser.			X
8. Ihr klebt das Blatt mit Uhu an die Wand.		X (mit Klebeband)	
9. Dein Partner bringt die Nullpunktmarkierung am Blatt an.	X		
10. Sobald der Nullpunkt markiert ist, seid ihr mit der Eichung fertig.		X (erst nach dem Wiegen)	
11. Du arbeitest die ganze Zeit mit deinem Partner zusammen.		X (zunächst allein)	
12. Der Bau eines Kraftmessers dauert ungefähr eine Stunde.			X

Weiterführende Anregungen

- Besprechen Sie mit den Schülern, wie sie systematisch mit einer Arbeitsanleitung umgehen können, z. B. alle Anweisungen farbig unterstreichen oder nummerieren, Inhalte visualisieren. Nach Befolgen der Anweisung können sie diese durchstreichen. So gehen sie sicher, dass sie nichts vergessen. Fragen Sie die Schüler, woran sie Anweisungen erkennen: Imperativform oder Formulierungen wie „Du musst …" oder „Nun machst du …". Die Schüler unterstreichen alle Anweisungen, die sie im Text finden, farbig und erhalten so ein Gerüst aus Imperativen. Bei der Technik „Unterstreichen" ist es wichtig, nicht zu viel zu unterstreichen, weil das die Informationsentnahme eher erschwert.
- Die Schüler zeichnen die einzelnen Arbeitsschritte der Anleitung. Dadurch wird sichtbar, ob sie alle Einzelheiten erfasst haben.
- Funktioniert der Kraftmesser wirklich? Die Schüler können ihn im Physikunterricht gemeinsam mit dem Fachlehrer bauen.

KV Seite 61

Man darf nicht, man muss …

Die Schüler befassen sich hier mit einem regulierenden Text, dem Auszug aus der Hausordnung einer Schule. Anhand der Aufgaben erarbeiten sie die Kriterien eines regulierenden Textes. Denn das Erkennen einer Textsorte und deren Funktion ist grundlegend für das Verständnis des jeweiligen Textes.

Mit Aufgabe 1 üben die Schüler das genaue Lesen. Dabei spüren sie inhaltlich oder grammatikalisch unpassende Wörter auf. Mit den Aufgaben 2 und 3 erarbeiten sie die sprachlichen Besonderheiten des Regeltextes.

Lösung

Aufgabe 1:

Verhalten an der ~~großartigen~~ Bushaltestelle:
Die ~~hübschen~~ Schüler bleiben ~~niemals~~ hinter den Schutzgittern stehen, bis der ~~rote~~ Bus hält.
Dabei haben die älteren Schüler auf ~~für~~ die jüngeren Schüler ~~Hinsicht~~ Rücksicht zu nehmen.

Verhalten auf ~~über~~ dem Schulgelände während ~~die~~ der Unterrichtszeiten:

a) Rauchen ist ~~schön~~ verboten.
b) Schüler unter ~~weniger~~ 18 Jahren dürfen das Schulgelände während der Unterrichtszeiten nur mit ~~lieber~~ Genehmigung eines ~~strengen~~ Lehrers verlassen.
c) Es gilt, jegliche ~~willkommene~~ Störung, besonders durch Lärm, zu ~~beklatschen~~ vermeiden.
d) Die Schüler tragen angemessene ~~bauchfreie~~ Kleidung.
e) ~~Deutsche~~ Handys dürfen auf dem Schulgelände nicht ~~verkauft~~ benutzt werden.
f) Vor der Mensa sind Ballspiele ~~zu~~ erlaubt.
g) Rennen, Sitzen und Liegen in den Fluren ist ~~echt~~ untersagt.
h) Ein Verhalten, das die Sicherheit und ~~gute~~ Gesundheit der am Schulleben beteiligten Personen gefährden könnte, ist ~~gerne~~ zu unterlassen.

i) Die Schüler sollten keine ~~glänzenden~~ Wertgegenstände und keine größeren Geldbeträge mit in die Schule ~~zu~~ nehmen.
j) Zu Beginn der großen ~~Futter~~ Pause haben sich ~~mit~~ alle Schüler auf den Pausenhof zu begeben.
k) Den Anweisungen ~~für~~ der Lehrer und der mit der ~~netten~~ Aufsicht beauftragten Schüler ist ~~strenge~~ Folge zu leisten.

Aufgabe 2:
haben … Rücksicht zu nehmen, verboten, dürfen (nicht), nur mit Genehmigung, es gilt … zu vermeiden, erlaubt, untersagt, ist zu unterlassen, Anweisungen, ist Folge zu leisten

Aufgabe 3:
☒ Adjektiv

Weiterführende Anregungen

- In Partnerarbeit notieren die Schüler weitere Regeln, die an ihrer Schule gelten, z. B. Gesprächsregeln im Unterricht, Verhaltensregeln im Klassenzimmer oder im Aufenthaltsraum. Fragen Sie die Schüler, ob sie diese für sinnvoll halten. Sollte es ihrer Meinung nach noch andere Regeln geben? Haben sie Verbesserungsvorschläge?
- Was würde passieren, wenn es keine Regeln gäbe? – Die Schüler überlegen gemeinsam, in welchen Bereichen sie mit Regeln konfrontiert sind, z. B. im Straßenverkehr, im Sport, im Familienleben. Teilen Sie die Klasse dann in mehrere Gruppen ein und ordnen Sie ihnen jeweils ein Thema zu. Die Schüler diskutieren darüber, was geschehen würde, wenn es in diesem Bereich keine Regeln gäbe. Sie notieren ihre Ergebnisse in Stichpunkten und präsentieren sie der Klasse.

KV Seite 62

Wissenswertes über Witze

Anhand des Textes, in dem mehrere unpassende Sätze versteckt sind, üben die Schüler das aufmerksame und sinnerfassende Lesen. In Aufgabe 2 geben die Schüler kurz wieder, was in dem Text steht. Geben Sie hierfür ein paar Minuten Zeit.

Lösung

Aufgabe 1:
1. Das gelbe Postauto schleicht durch den Supermarkt.
2. Äffchen Polli liest die Tageszeitung im Liegen mit einer Pfeife im Mund.
3. Die Möhre und die Tomate wollen heute auf dem Dach tanzen gehen.
4. Morgen ruft mich der Nikolaus aus Sibirien an.
5. Der Mond trinkt am liebsten heißen Kakao mit Sahne.
6. Dein Bleistift fällt gleich vom Schreibtisch.
7. Man geht gemütlich spazieren, setzt einen Hut auf den Kopf und guckt wie ein Auto.

Aufgabe 2:
z. B. Ein Witz hat eine überraschende Wendung. Lachen ist gesund. Früher war Lachen verpönt. Erst seit dem 19. Jahrhundert gibt es Witze in Zeitschriften. Man lacht aber nicht überall über dieselben Sachen. Gute Witzeerzähler vergessen nie die Pointe.

KV Seite 63

Wenn jemand eine Reise tut …

… so kann er was erzählen. Der fiktive Werbetext stellt sprachlich keine allzu große Herausforderung dar. Anhand von Aufgabe 2 fassen die Schüler zunächst den Inhalt der einzelnen Abschnitte zusammen.

Mit Aufgabe 3 wird ihnen bewusst, dass der Werbetext wichtige Informationen verschweigt. Regen Sie daran anschließend eine kritische Diskussion über Werbung an.

Aufgabe 4 macht deutlich, dass die Werbung bewusst offen formuliert und somit viel Interpretationsspielraum lässt. Weisen Sie auf die Bedeutung von Adjektiven in der Werbung hin.

Lösung

Aufgabe 2:
z. B. 1. EFY stellt sich vor, 2. Anreise, Unterbringung und Betreuung, 3. Tagesablauf

Aufgabe 3:
b), c), e)

Aufgabe 4:
z. B. Spielerisches Lernen: Sprach-/Rollenspiele, Sportaktivitäten
Malerisches Städtchen: klein, schöne Landschaft, nette Läden
Spannende Ausflüge: Ausflüge nach London oder an die Küste (Strand), Fun Park

Aufgabe 5:
z. B. Rot: spielerisches Lernen, Spaß, spannende Ausflüge, aufregende Freizeitaktivitäten, ganz auf die Interessen der Gruppe abgestimmt
Blau: einzigartiges Konzept, optimale Betreuung, Spaß, Erfolg, malerisches Städtchen, herzlich […] begrüßt, persönlich, sorgfältig ausgesucht, Sicherheit, intensive Betreuung, höchstes Gebot, rund um die Uhr, abwechslungsreiche und interessante Lerneinheiten, Kleingruppen, hoch qualifizierte und motivierte Lehrer

Weiterführende Anregungen

- Fragen Sie schnellere Schüler: Hättest du Lust, mit EFY eine Sprachreise zu machen? Begründe deinen Standpunkt kurz.
- Die Schüler überlegen, wo sie sich über eine Sprachreise nach England informieren können.

- Die Schüler arbeiten in kleinen Gruppen. Sie wählen ein beliebiges Produkt, z. B. ein Handy, ein Kino, ein Nahrungsmittel, ein Schwimmbad oder einen Erlebnispark. Dafür schreiben sie einen kleinen Werbetext, der im Anschluss der Klasse präsentiert wird. Welcher Werbetext kommt gut bei den anderen an? Warum? Helfen Sie den Gruppen bei der Formulierung und der Auswahl von geeigneten Adjektiven. Ein kleiner Tipp: Ein Werbetext klingt überzeugender, wenn die Adjektive direkt vor dem zugehörigen Nomen stehen, z. B. ein „traumhaft schmeckender Pudding" klingt wirkungsvoller als „unser Pudding schmeckt traumhaft". Die erste Formulierung wird als Fakt verstanden, die zweite als Behauptung.

KV Seite 64

Das richtige Hotel für alle

Die Schüler üben mit diesem Arbeitsblatt die Entnahme von Informationen aus einem kontinuierlichen Text (Aussagen) und einem diskontinuierlichen (Piktogramme). Sie kombinieren die Informationen und werten sie abschließend aus. Leistungsschwächere Schüler können Sie unterstützen, indem Sie vorab mit ihnen die Strategie besprechen (z. B. Unterstreichen der wichtigsten Wünsche).

Lösung
Aufgabe 2:
Residenz Windrose

Weiterführende Anregung
Die Schüler beschreiben als Hausaufgabe ihre ideale Urlaubsunterkunft. In der folgenden Stunde arbeiten sie in Teams von fünf bis acht Schülern. Sie vergleichen ihre Beschreibungen und versuchen die wichtigsten Unterkunftskriterien übersichtlich darzustellen (Schwimmbad: 8 Stimmen, Strandnähe: 7 Stimmen, W-LAN: 6 Stimmen, Frühstücksbuffet: 4 Stimmen, Spielplatz: 1 Stimme usw.). Die Ergebnisse der einzelnen Teams können dann mit der gesamten Klasse besprochen und z. B. als Diagramm dargestellt werden.

KV Seite 65

Was ist denn SMART:E?

Diese Kopiervorlage eignet sich aufgrund ihres geringen Textumfangs besonders für leseschwächere Schüler. Starten Sie mit der Frage, wo oder wie viele Werbeplakate die Schüler auf ihrem heutigen Schulweg gesehen haben. Wofür wird geworben (z. B. Veranstaltungen, Produkte)? Wo werden Plakate vorzugsweise platziert (z. B. belebte Straßen)? Dann betrachten die Schüler das Werbeplakat der Tanzschule. Mittels der Fragen setzen sie sich kritisch mit der Werbebotschaft auseinander. Der Text ist kurz, leicht zu verstehen und kann von einem Schüler mit entsprechender Betonung der Werbebotschaft vorgelesen werden. Im Anschluss bearbeitet jeder Schüler die Fragen für sich. Alternativ können Sie die Herangehensweise umkehren. Die Schüler lesen die Fragen und versuchen gezielt durch Überfliegen des Plakats die richtigen Lösungen zu finden. Im Anschluss liest jemand den Text laut und betont vor.

Lösung
Aufgabe 2:
a) Tanzkurs für Kinder von 10 – 12 Jahren
b) Tanzschule „Utopia" in Münster
c) Altersangabe: für alle Girls und Boys von 10 – 12 Jahren; flapsige Sprache: fetzig, heißes Warm-up, rasantes Spiel; der Leser wird geduzt
d) Das Plakat beantwortet viele W-Fragen: ein neuer Tanzkurs (Was?), für Kinder von 10 – 12 Jahren (Für wen?), in der Tanzschule „Utopia" in Münster (Wo?), jeden Dienstag von 16 bis 17 Uhr (Wann?), die Kinder bringen ihre englischen Lieblingssongs mit … (Was?)
e) z. B. Wie viel kostet der Kurs? Muss ich gut Englisch können? Muss ich tanzen können? Wer leitet den Kurs? Wie groß sind die Gruppen? Wie viele Kursstunden beinhaltet SMART:E?
f) Das Konzept ist neu, S steht für Sing, M für Move, A für Act, R für Rap, : für in, E für English

Weiterführende Anregung
Die Schüler entwerfen in Gruppen eigene Werbeplakate, z. B. für eine zukünftige Veranstaltung an der Schule. Hier können sich auch leseschwächere Schüler gut einbringen, da für ein wirkungsvolles Plakat Kreativität und Sprachgewandtheit wichtig sind und die Lesekompetenz nicht im Vordergrund steht. Die Klasse wählt gemeinsam die schönsten Plakate aus.

KV Seite 66

Rätselhafte Kreise

Anhand dieses Textes trainieren die Schüler das schnelle, kursorische Lesen. Diese Lesetechnik wird in den nächsten Schuljahren immer wichtiger, denn sie ermöglicht, auch längere Texte zügig zu bewältigen. Erklären Sie das Vorgehen: Der erste Blick des Lesers gilt der Überschrift, dann Wörtern, die immer wieder auftauchen, den Schlüsselwörtern. Aus diesen Informationen konstruieren die Schüler einen ersten Zusammenhang.

In Aufgabe 2 müssen die Schüler genau lesen. Sie markieren, was sie schon wissen und was nicht und wo Verständnisprobleme liegen. Helfen Sie bei Fragen weiter.

In Aufgabe 3 fassen die Schüler wichtige Informationen in Stichpunkten zusammen, die ihnen für Aufgabe 4 den roten Faden liefern. Achten Sie darauf, dass die Schüler bei ihrem Kurzvortrag nur mit Stichpunkten arbeiten und nicht ganze Sätze aus dem Text übernehmen.

Weiterführende Anregung

Leistungsstärkere Schüler können mit den Informationen des Textes ein Quiz erstellen und gegeneinander antreten, um zu prüfen, ob der andere genau gelesen hat.

KV Seite 67

Der Wattwurm

Teilen Sie die Kopiervorlage aus und lassen Sie zunächst nur die Überschrift lesen. Die Schüler überlegen, welches Vorwissen sie zu diesem Thema haben. Diejenigen, die das Watt kennen, berichten ihren Mitschülern davon. Vielleicht hat schon einmal einer von ihnen einen Wattwurm gesehen. Fragen Sie die Schüler, welche Informationen sie vom Text erwarten und was die Grafik zeigen könnte.

In den Aufgaben 2 und 3 geht es darum, die Darstellung mit Begriffen aus dem Text richtig zu beschriften. Beim Lesen der Begriffe stolpern die meisten wahrscheinlich über drei Ausdrücke, die nicht im Text vorkommen, die sich aber aus dem Zusammenhang und der bildlichen Darstellung ergeben. Hier ist ein wenig Logik gefragt.

In Aufgabe 4 können die Schüler – evtl. zu zweit – die lückenhafte Begriffserklärung richtig ergänzen, wenn sie genau lesen und kombinieren.

Lösung

Aufgabe 1:

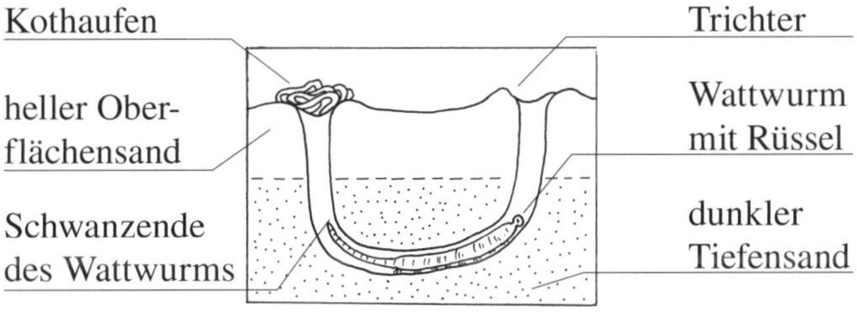

Aufgabe 3:

heller Oberflächensand, dunkler Tiefensand, Schwanzende des Wattwurms

Aufgabe 4:

Detritus kommt aus dem Lateinischen und bedeutet Abrieb. Hierbei handelt es sich um Teilchen, die von abgestorbenen Pflanzen und Tieren stammen.

Weiterführende Anregungen

- Fragen Sie die Schüler, wo sie Informationen über Tiere im Watt finden können. Welche Begriffe muss man in Suchmaschinen im Internet eingeben, um möglichst schnell an Informationen zu kommen?
- Eine Grafik zum Text zu erstellen, fördert das globale Textverständnis. Lassen Sie die Schüler anhand der Grafik noch einmal den Text über den Wattwurm zusammenfassen. Ist ihnen der Text durch die Grafik verständlicher geworden? Animieren Sie die Schüler bei schwierigen Texten dazu, eine Zeichnung anzufertigen, wenn es sich inhaltlich anbietet.

KV Seite 68

Mein Haustier erzählt

Die Schüler spüren in einem Sachtext inhaltliche Fehler auf. Hierfür müssen sie sinnerfassend lesen. Bevor sie die einzelnen Texte lesen, machen sie sich Gedanken zur Überschrift und formulieren ihre Erwartungen an die Kopiervorlage, die abschließend noch einmal überprüft werden können. Ein gewisses Vorwissen bei den Schülern zum Thema ist bei der Aufgabe eine entscheidende Hilfe. In Zweifelsfällen dürfen sie sich mit einem Partner beraten. Schüler, die kein eigenes Haustier besitzen, haben vielleicht durch Freunde Kenntnisse über Haustiere gewonnen, die sie hier anwenden können, oder sie recherchieren im Internet oder beschaffen sich Informationen in einer Tierhandlung. Weisen Sie die Schüler darauf hin, dass sie auf jedem Übungsblatt am besten einzelne Teile der Arbeitsanweisung unterstreichen, damit sie bei der Bearbeitung nichts vergessen.

Lösung

Aufgabe 1:

Um verschiedene Haustiere und ihre Lebensbedingungen.

Aufgabe 2:

Drei Fehler Meerschweinchen: Mein Lieblingsfutter sind Bananenschalen … (Heu). Einmal am Tag muss ich in 37 Grad heißem Wasser gebadet werden … (mag nicht gebadet werden). Bei heißen Temperaturen fühle ich mich pudelwohl (mag keine hohen Temperaturen).

Drei Fehler Hund: … gut sehen und werde daher auch Adlerauge genannt (kann gut riechen und hören, werde Spürnase genannt). Gerne mache ich Spaziergänge, aber nur kurze, denn am liebsten liege ich faul herum (liebe lange Spaziergänge und bewege mich gerne). Als Süßigkeit darf ich gelegentlich Schokolade bekommen (keine Schokolade).

Drei Fehler Katze: … wiehere ich (schnurre) … um Marienkäfer zu fangen (Mäuse). Ich mag es, wenn man mich am Schwanz zieht (hasse).

Drei Fehler Wellensittich: ... und komme eigentlich aus der Schweiz (komme aus Australien). Am liebsten esse ich Schokolade ... (Körner). Das beste Getränk ... Zitronenlimonade (Wasser).

KV Seite 69

Leben im alten Rom
Fremdwörter bereiten oft Probleme und bremsen die Lesemotivation. Mit dieser Kopiervorlage finden die Schüler einen leichten Zugang zu den unbekannten Wörtern. Der ein oder andere Begriff ist den Schülern vielleicht schon einmal begegnet.

Lösung
Auf dem Marktplatz wimmelte es nur so von Ädilen, die für Ordnung sorgten. Immer wenn Sklavenmarkt war, hatten sie die Aufsicht. Die Sklaven wurden auf einem Catasta zur Schau gestellt. Die Sklaven brauchte man unter anderem in Kriegen, damit sie die Galeeren bedienen konnten. Man hielt sie meist für Barbaren: Menschen, die nichts wert waren, keine Manieren und keine Bildung hatten. Oft ließ man die Sklaven in der Arena des Circus Maximus zur Belustigung und Unterhaltung der Bevölkerung Roms gegeneinander kämpfen. Die Sklaven trugen häufig eine Tunica.

Mit dem Ausdruck „Salve!" begrüßte man sich im alten Rom. Wollte man sich waschen, ging man in die Therme. Wer Durst hatte, trank Wein aus einer Amphore. Wer mit einer höher gestellten Person reden wollte, bat um eine Audienz.

KV Seite 70

Wunderkind und King of Pop
Anhand des Arbeitsblattes üben die Schüler, ihr Vorwissen mit den sachlichen Informationen aus einem Text zu kombinieren. Fragen Sie, bevor Sie das Blatt austeilen, was sie über die beiden Künstler bereits wissen und welche Angaben sie vom Text erwarten.

In Aufgabe 2 filtern die Schüler aus den zwei Kurzbeschreibungen die wesentlichen Informationen heraus. Sie üben damit das gezielte Suchen nach Informationen und die übersichtliche Darstellung des Ergebnisses.

Fragen Sie die Schüler, welche Lesestrategie sie anwenden, um die Angaben in Aufgabe 3 (genaues Lesen) zu überprüfen, und ob die gleiche Strategie (Scannen, gezielte Suche) auch für Aufgabe 4 geeignet ist. Erklären Sie, dass das Stellen von W-Fragen eine hilfreiche Strategie ist, um sich einen kontinuierlichen Text zu erschließen.

Lösung
Aufgabe 2:

	W. A. Mozart	Michael Jackson
Familie	Vater: Leopold, Komponist, will das musikalische Talent seiner Kinder fördern und dem Adel präsentieren, Mutter: Anna Maria, begabte Schwester Nannerl	Großfamilie, Vater sehr ehrgeizig, gründet „The Jackson Five"
Karriere	lernt mit 3 Jahren Klavier, mit 4 Jahren Geige, 1762 erste Konzertreise nach München und Wien, viele weitere Konzertreisen	singt mit 5 Jahren bei den „Jackson Five", mit 12 erste Tournee, später Solokünstler, machte einige der erfolgreichsten Alben, Bühnencomeback findet nicht mehr statt
Werke	„Zauberflöte"	„Thriller" und „Bad"
Privatleben	heiratet mit 26 Constanze, haben 6 Kinder, 4 sterben früh, stirbt in Armut	distanziert sich von seiner Familie, lebt in Kalifornien auf der Neverland Ranch

Aufgabe 3:
a) ☒ die Todesursache der beiden Künstler
☒ das Jahr, in dem „The Jackson Five" sich auflösten
b) ☒ Mozart begann mit drei Jahren Geige zu spielen.
☒ Mozart war nie in Wien.

Aufgabe 4:
a) Mozart.
b) 12 Jahre.
c) Er ging auf Konzertreise.
d) Sein Bühnencomeback.
e) Nur ihren Namen.
f) Michael Jackson zeigte zum ersten Mal seinen Moonwalk-Schritt.

Weiterführende Anregung
Die Schüler gestalten ein Plakat zu einem der beiden Künstler, indem sie weitere Informationen aus einem Lexikon oder dem Internet suchen und diese übersichtlich und ansprechend platzieren.

KV Seite 71

Meine Traumschule

Die Schüler bringen einen Informationstext mit vielen Zahlen in die übersichtliche Darstellungsform „Balkendiagramm“ (Aufgabe 1). Damit üben sie im Umkehrschluss, diskontinuierliche Texte wie Diagramme zu lesen. Fragen Sie zunächst, was die Schüler über Schulen in anderen Ländern bzw. in England wissen. Teilen Sie dann das Arbeitsblatt aus und lassen Sie evtl. die einzelnen Punkte vorlesen. Was denken die Schüler über diese Wünsche? Ist davon schon etwas an der eigenen Schule realisiert?

Aufgabe 2 kann alternativ in Kleingruppen bearbeitet werden. Die Schüler tauschen sich über ihre Wünsche aus, halten die fünf wichtigsten davon schriftlich fest und diskutieren anschließend mit der gesamten Klasse darüber.

Als Zusatzaufgabe für schnellere Schüler eignet sich der Arbeitsauftrag: Welche Traumschule wünschen sich Lehrer, welche wünschen sich Eltern? Was meinst du? Überlege und notiere je drei Ideen.

Lösung

Aufgabe 1:

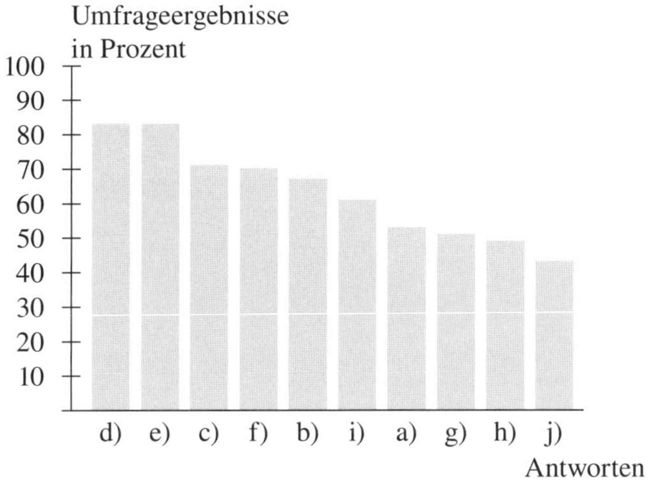

KV Seite 72

Ausflug in den Kletterwald

Die Schüler üben anhand des Textes verschiedene Lesemethoden, die ihnen das Verständnis erleichtern: zusammenfassende Überschriften zu Textabschnitten formulieren (Aufgabe 1) und den Inhalt eines Textes erschließen, indem sie W-Fragen stellen (Aufgabe 2). Mögliche Variante zu Aufgabe 1: Statt einer Überschrift formulieren die Schüler eine Kurzzusammenfassung oder notieren Schlüsselwörter.

Lösung

Aufgabe 1:

z. B. a) Aufbruch zum Kletterwald, b) Klettervorbereitungen, c) Auf Klettertour, d) Picknick und Baden, e) Rückweg

Aufgabe 2:

z. B. Wann war der Wandertag? Am 18. Juli.
Welche Lehrer fuhren mit zum Kletterwald? Herr Busch und Frau Himmel.
Was brachte Frau Himmel mit zum Picknick? Kuchen.

Weiterführende Anregungen

- Alle Schüler drehen das Arbeitsblatt um. Stellen Sie nun einige W-Fragen zum Text. Wer kann sie beantworten ohne nachzulesen?
- Für die leistungsstärkeren Schüler eignet sich der folgende Arbeitsauftrag: Weise den Ereignissen zwischen 8.00 Uhr und 15.30 Uhr die entsprechende Uhrzeit zu. Beachte die genaue Reihenfolge. (8.00 Uhr: Treffpunkt an der Schule, 8.45 Uhr: Abfahrt, ca. 10.00 Uhr: Ankunft am Kletterwald, Ausstattung, Klettern, ca. 12.30 Uhr: Aufbruch zum Picknick, Essen, Baden im Weiher, ca. 14.00 Uhr: Aufbruch, ca. 14.10 Uhr: Ankunft am Bus, Rückfahrt, ca. 15.30 Uhr: Ankunft an der Schule.)
- Die Schüler schildern den Tag aus der Sicht von einem der Lehrer, aus der Sicht von Mike oder Tommy oder aus der des Busfahrers.

KV Seite 73

Ein Schriftsteller im Interview

Zwei Schüler lesen das Interview in verteilten Rollen vor. Klären Sie zusammen mit der Klasse, wie ein Reporter spricht und was beim Vorlesen der Antworten des Autors zu beachten ist (Betonung der richtigen Wörter, Emotionen in die Stimme legen, Schlüsselwörter als Vorlesehilfe unterstreichen).

Die Schüler lernen mit dem Interview eine Textsorte der Zeitung kennen. Sie gliedern den Text in Sinnabschnitte und ordnen diesen Überschriften zu.

Als Denkaufgabe für leistungsstärkere Schüler eignet sich die Frage: Warum verrät der Titel „Der 35. Mai“, dass es sich nicht um eine normale Reise handelt? (Den 35. Mai gibt es nicht. Das lässt darauf schließen, dass es ein fantasievolles Buch ist.)

Lösung

Aufgabe 2:

Rot: von „Und wovon handelt …“ bis „Krimi für Erwachsene.“
Blau: von „Wollten Sie schon …“ bis „aus Büchern vorgelesen.“
Gelb: von „Was war Ihr …“ bis „… die Südsee.“

Aufgabe 3:

schillernde Fantasiewelt für Kinder, Südsee

Aufgabe 4:
a) Gedichte, Geschichten
b) verraten
c) Jugendroman
d) Bücher

Weiterführende Anregung

Die Schüler entwerfen in Partnerarbeit ein kurzes Interview. Dabei übernimmt der eine den Part des Reporters, der andere beantwortet die Fragen. Das Thema kann entweder von Ihnen vorgegeben oder von den Schülern frei gewählt werden. Das Interview tragen sie anschließend der Klasse vor.

KV Seite 74

Moderne Kommunikation

Mittels dieser Kopiervorlage beschäftigen sich die Schüler mit positiven und negativen Bewertungen moderner Kommunikationsmittel. Lassen Sie die verschiedenen Äußerungen in Aufgabe 1 von den Schülern laut vorlesen. Dabei achten sie auf die Emotion, die die jeweilige Äußerung beinhaltet.

Klären Sie mit den Schülern, bevor sie Aufgabe 2 bearbeiten, welche Strategie sie benutzen, um die Fragen möglichst schnell beantworten zu können (z. B. Text scannen, Wichtiges unterstreichen).

Lösung

Aufgabe 2:
a) Positiv: Andy, Daniel, Angelika, Patrizia, Torben; negativ: Tamara, Franka
b) Andy und Daniel genießen die Vorteile. Ihr Verhalten ist aber feige. In unangenehmen Situationen wird der persönliche Kontakt vermieden.
c) Tamara
d) Mutter durchweg positiv, Tochter negativ, fühlt sich kontrolliert
e) Ihr Auto hat immer wieder eine Panne. Mit dem Handy konnte sie bisher Hilfe holen und muss es vermutlich auch in Zukunft.

Weiterführende Anregungen

- Haben die Schüler schon ähnliche Erfahrungen mit SMS oder sozialen Netzwerken gemacht? Wie kommunizieren sie in unangenehmen Situationen? Ist Cyber-Mobbing ein Thema an Ihrer Schule? Spielen Sie eine Situation, wie sie Andy, Tamara oder Daniel erlebt haben, in der Klasse durch. Wie fühlen sich die Schüler dabei?
- Die Schüler greifen sich eine Aussage heraus und vertreten dazu begründet ihre Meinung.

Basisseite: Sach- und Gebrauchstexte

Mit der 5-Schritt-Lesemethode kannst du dir jeden unbekannten Text erschließen.

Info

Sachtexte beschäftigen sich meist mit einem realen Gegenstand und sind sachlich geschrieben. Sie unterscheiden sich in ihrer Wirkungsabsicht (Funktion): informierend (z. B. Lexikonartikel), anleitend (z. B. Gebrauchsanweisung), appellierend (z. B. politische Rede) und regulierend (z. B. Vertrag).
Gebrauchstexte haben unterschiedliche Formen: Fahrpläne, Diagramme, Tabellen usw.

1. Schritt – Überfliegen:
Verschaffe dir einen ersten Überblick über den Text. Achte auf die Überschrift. Was ist das Thema? Was weißt du schon dazu? Um welche Textsorte handelt es sich?

2. Schritt – Fragen:
Stelle Fragen an den Text: Worum geht es? Was willst du wissen? Enthält der Text Bilder? Was sagen sie über den Inhalt?

3. Schritt – Lesen:
Lies den Text nun genau. Unterstreiche dabei zentrale Aussagen und Schlüsselwörter. Markiere außerdem Wörter, die du nicht verstehst, und kläre sie anschließend.

4. Schritt – Zusammenfassen:
Formuliere für jeden Abschnitt eine zusammenfassende Überschrift oder zusammenfassende Stichpunkte. So erhältst du den „roten Faden". Unterteile dafür den Text gegebenenfalls in kleinere Sinnabschnitte.

5. Schritt – Wiederholen:
Wiederhole in eigenen Worten, was du vom Text behalten hast.
Lies, wenn du Fragen zum Text beantworten sollst, erst den Arbeitsauftrag aufmerksam durch. Unterstreiche dabei die einzelnen Aufgabenteile, damit du nichts vergisst. Überfliege dann den Text und suche gezielt nach den geforderten Informationen. Deine Markierungen im Text helfen dir dabei.

Wende die 5-Schritt-Lesemethode auf den folgenden Text an.

Ein großer Märchenerzähler

Hans Christian Andersen wurde am 2. April 1805 in Odense in Dänemark geboren. Sein Vater war Schuhmacher und verdiente wenig Geld, sodass die Familie in ärmlichen Verhältnissen leben musste. Der Vater starb, als Hans Christian noch sehr klein war. Nun musste die Mutter die Familie versorgen. Für ihr Kind hatte sie nur wenig Zeit. Da sie alkoholkrank war, wurde sie von den anderen Leuten aus dem Dorf verachtet. Für das Kind Hans Christian muss das sehr bedrückend gewesen sein.

Mit vierzehn Jahren floh er nach Kopenhagen, wo er sich an einen ehemaligen Bewohner seines Heimatdorfes wandte. Dort erzählte er seine Geschichte und tat dies offenbar so geschickt, dass er freundlich aufgenommen wurde und sogar die Schule besuchen durfte. Er schrieb bald viele Geschichten und veröffentlichte sie.

Als Erwachsener reiste er durch viele Länder und schrieb seine Erlebnisse auf. Er hatte damit Erfolg und wurde reich.

In seinen Märchen geht es oft um Helden, die sich nach oben kämpfen müssen – also Figuren, die arm sind und sich erst in der Welt beweisen müssen. Bei vielen Märchen hat man das Gefühl, dass Andersen über sich selbst schrieb. Sogar seine eigene Lebensgeschichte erzählte er als Märchen.

Andersen blieb lebenslang ein Reisender, ein Suchender. Seine Märchen brachten ihm großen Ruhm. Am 4. August 1875 starb er in Kopenhagen.

Texte mit Absicht

Um welche Textarten handelt es sich bei folgenden Auszügen? Welche Absicht haben sie? Schreibe auf.

a) „Alle Jahre wieder" – Ein weihnachtliches Konzert mit unserem Schulchor. Singen Sie mit uns stimmungsvolle Weihnachtslieder und lassen Sie sich auf entspannte Weihnachtsfeiertage einstimmen. Das Konzert beginnt am Mittwochabend um 19.30 Uhr in der Schulaula. Der Eintritt ist kostenlos. Spenden werden gerne angenommen. Sie gehen an unsere Schulhilfe e. V., die in diesem Jahr den Neubau einer Schule in Somalia gefördert hat.

____

b) Fülle den Teig in die beiliegenden Förmchen. Die Muffins brauchen 25 Minuten bei 180 Grad Ober- und Unterhitze oder 160 Grad Umluft.

____

c) Wir können in dieser Situation nicht länger tatenlos zusehen. Es muss gehandelt werden, und zwar jetzt. Das muss auch die Opposition begreifen. Wir brauchen das neue Bildungspaket, um den jungen Menschen in unserem Land wieder eine Perspektive zu bieten. Nicht morgen, nicht übermorgen, nicht im nächsten Jahr – nein, wir brauchen hier und heute eine Entscheidung.

____

d) In den nächsten Wochen musste der neue Sklave verschiedenste Arbeiten im Haushalt der Familie Flaccus verrichten. Er wusch Teller und Töpfe, schleppte Holz für den Ofen, wischte die Fußböden, befreite die Wände vom Ruß der Öllampen, stapelte Weinamphoren und vieles mehr. Bewährte er sich, würde ihn bald die Tochter des Hauses befehligen. [...] Claudia beobachtete ihren zukünftigen Leibsklaven sehr genau. Sie freute sich darüber, dass der Germanenjunge seine Vorliebe für aufregende Fluchtversuche aufgegeben hatte.

____

e) Die Weinbergschnecke vergräbt sich zur Überwinterung im Boden. Sie zieht sich komplett in ihr Haus zurück und verschließt den Eingang mit einem Kalkdeckel. Das Gehäuse der Weinbergschnecke ist ca. 38 bis 45 mm breit.

____

f) 9.00 Nachrichten
9.05 Das Frühstückskonzert ______________________________
(mit Werken von W.A. Mozart,
L. v. Beethoven, J. Haydn) ______________________________
11.00 Nachrichten
11.05 Das Mittagskonzert
(R. Wagner: Ouvertüre zu „Tristan und Isolde",
G. Mahler: 2. Symphonie „Auferstehung")

Man nehme …

1. Die Arbeitsschritte des Rezepts für Puten-Wirsing-Röllchen sind durcheinandergeraten. Nummeriere sie in der richtigen Reihenfolge. Die Buchstaben hinter den Sätzen ergeben das Lösungswort.

Info

Kochrezepte sind anleitende Texte. Sie enthalten einzelne Arbeitsschritte, die man der Reihenfolge nach befolgen muss, um das gewünschte Ergebnis zu erzielen.

- ☐ Zuletzt die Röllchen in eine Auflaufform legen und mit der Soße übergießen. (Z)
- ☐ Als Beilage passt gedünsteter Reis mit Zwiebeln oder Salat mit Brot. (L)
- ☐ Nun die Kartoffelstärke mit Wasser anrühren, Ajvar und Sahne zugeben und gut verrühren. (I)
- ☐ Die Wirsingblätter kurz in kochendem Salzwasser blanchieren. (C)
- ☐ Das Ganze muss für ca. 30 Minuten bei 180 Grad in den Backofen. (E)
- ☐ Danach die Wirsingblätter auf einem Brett auslegen, auf jedes Blatt ein dünnes Schnitzel legen und zu einer Roulade aufrollen. (N)
- ☐ Anschließend noch die Rinderspeckwürfel kurz anbraten und in die Soße geben. (T)
- ☐ Vorsichtig einige große Blätter vom Wirsingkopf abschälen. (S)
- ☐ Dann die dünnen Putenschnitzel klopfen und mit Salz und Pfeffer würzen. (H)

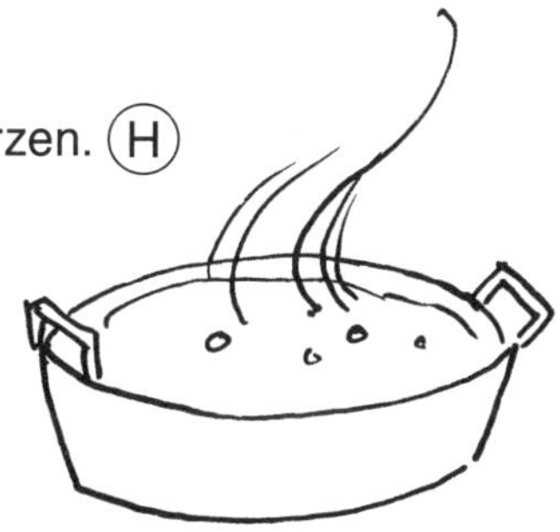

Lösungswort: ______________________

2. Vervollständige die folgenden Sätze.

Die Putenschnitzel müssen sehr ____________ sein, du ______________ sie und würzt sie mit __________ und ____________. Wenn die Rouladen in der Auflaufform liegen, ______________ du sie mit der ____________. Die Auflaufform kommt für ______________ bei ______________ in den Backofen.

3. Welche Zutaten werden für die Puten-Wirsing-Röllchen benötigt?

____

____

4. Was bedeuten die folgenden Wörter? Schreibe auf. Was tust du, wenn du sie nicht kennst?

Ajvar: ______________________________________

blanchieren: ________________________________

Roulade: ____________________________________

Ein Spiel – zwei Varianten

**1. Vergleiche die Varianten des Spiels.
Unterstreiche die Unterschiede.**

Variante 1:

- Wer die höchste Zahl würfelt, beginnt.
- Jeder Spieler darf dreimal hintereinander würfeln. Wer eine Sechs hat, stellt seine erste Figur auf das Startfeld, würfelt noch einmal und rückt sie um die gewürfelte Augenzahl vorwärts. Bei jeder Sechs müssen zunächst alle Figuren, die noch im Haus stehen, bewegt werden. Wenn alle auf dem Spielfeld sind, darf man die Sechs auf dem Feld weiterlaufen. Bei jeder Sechs darf man noch einmal würfeln. Kommt man auf ein Feld, auf dem bereits ein anderer Spieler steht, schlägt man diesen. Er muss seine Figur wieder ins Häuschen setzen. Seine eigenen Figuren kann man nicht schlagen. In dem Fall setzt man eine andere Figur.
- Ziel ist es, alle seine Figuren ins Ziel zu bringen. Man muss mit genauer Augenzahl ins Ziel kommen. Man darf im Ziel keine Figur überspringen.

Variante 2:

- Der jüngste Spieler beginnt.
- Jeder Spieler darf dreimal hintereinander würfeln. Wer eine Sechs hat, stellt seine erste Figur auf das Startfeld, würfelt noch einmal und rückt sie um die gewürfelte Augenzahl vorwärts. Bei jeder Sechs darf eine beliebige Figur bewegt werden, egal ob sie im Haus steht oder auf dem Spielfeld. Bei jeder Sechs darf man noch einmal würfeln. Kommt man auf ein Feld, auf dem bereits ein anderer Spieler steht, schlägt man diesen. Er muss seine Figur wieder ins Häuschen setzen. Seine eigenen Figuren kann man nicht schlagen. Man darf aber maximal zwei eigene Figuren auf einem Feld stehen haben.
- Ziel ist es, eine Figur ins Ziel zu bringen. Man muss mit genauer Augenzahl ins Ziel kommen.

2. Beantworte die folgenden Fragen.

a) Welche Spielvariante geht schneller? Warum?

____

b) Was passiert in Variante 2 bei einer Sechs?

____

c) Wie kommen die Figuren vom Haus auf das Spielfeld?

____

Das Mikroskop

1. Welche Wörter sind in der Wortschlange aneinandergereiht? Wenn du richtig trennst, erhältst du acht Bestandteile eines Mikroskops. Lies sie vor.

TUBUSBLENDEOBJEKTIVOKULAROBJEKTTISCHLAMPEGROBTRIEBSTATIV

2. Die Mikroskopteile sind in der folgenden Beschreibung durcheinandergeraten. Unterstreiche den Fehler und schreibe die Nummer des richtigen Teils hinter jeden Satz.

a) Mit dem Tubus kann man das Objekt beleuchten. [2]

b) Um das Bild scharf zu machen, benutzt man das Stativ. [ ]

c) Die Helligkeit kann man mit dem Grobtrieb und dem Feintrieb richtig einstellen. [ ]

d) Die Verbindung zwischen dem Okular und dem Objektiv heißt Blende. [ ]

e) Das Mikroskop kann man an der Lampe zum Tragen anfassen. [ ]

f) Der Objekttisch ist die Linse, durch die man ins Mikroskop schaut. [ ]

g) Die verschiedenen Objektive stellt man mit den Klammern ein. [ ]

h) Das Objekt, das betrachtet werden soll, liegt auf dem Okular. [ ]

i) Der Revolver hält den Objektträger fest. [ ]

1. Stativ (= Tragegriff)
2. Lampe (= Objektbeleuchtung)
3. Okular (= Linse)
4. Tubus (= Verbindungsrohr)
5. Revolver (= Objektiveinstellung)
6. Objekttisch (= Objektunterlage)
7. Objektklammern (= Objektträgerbefestigung)
8. Grob- und Feintrieb (= Bildschärfeeinstellung)
9. Blende (= Helligkeitsregulierung)

3. Beschrifte das Mikroskop.

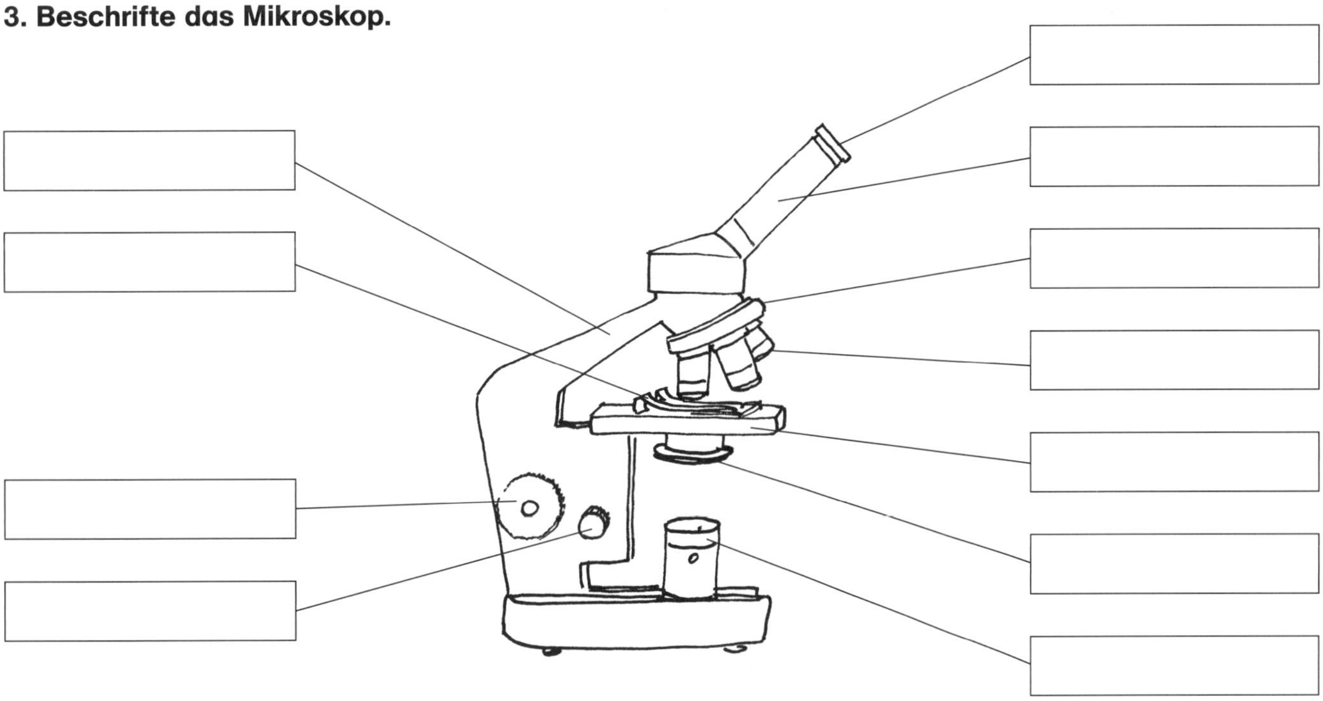

Wie baue ich einen Kraftmesser?

1. Lies die folgende Anleitung aus einem Physiklehrbuch aufmerksam durch.

Info

Anleitende Texte geben dem Leser vor, was er in welcher Reihenfolge tun muss. Das erfordert genaues Lesen und Befolgen der Vorgaben.

Bau eines Kraftmessers

Material: Tetra Pak (1,5 l), Hosengummi, Stift, farbiges Papier, 2 Tafeln Schokolade (je 100 g), Locher, Klebeband

Durchführung:
Schritt 1 (allein): Herstellung des Kraftmessers
- Schneide den Tetra Pak oben an der Verschlussseite auf. Wasche ihn aus.
- Bohre in die lange, breite Seite mittig ein Loch (mit einem Stift oder Locher). Wiederhole dies auf der gegenüberliegenden Seite auf derselben Höhe, damit die Löcher einander gegenüberliegen.
- Schneide vom Gummi ein Stück von ca. 60 cm Länge ab. Ziehe den Hosengummi durch beide Löcher und verknote die Enden miteinander.

Jetzt ist dein Kraftmesser fertig. Nur die Eichung fehlt noch.

Schritt 2 (zu zweit): Eichung des Kraftmessers
- Nehmt das farbige Papier.
- Klebt dieses Blatt mit Klebeband an die Wand, wo es euer Lehrer erlaubt hat.
- Einer von euch muss den Kraftmesser am Gummiknoten festhalten, während der andere die Markierung des Nullpunkts auf dem Blatt anbringt.
- Anschließend verwendet ihr eure Schokoladentafeln als Gewichtsstücke und bringt weitere Markierungen auf dem Blatt an.
- Wenn ihr den Kraftmesser geeicht habt, könnt ihr auch andere Gegenstände wiegen.

2. Lies die Behauptungen in der Tabelle. Setze ein Kreuz in der richtigen Spalte.

	richtig	falsch	steht nicht im Text
1. Du lernst, wie man einen Kraftmesser baut.	☐	☐	☐
2. Du benötigst einen Tetra Pak (1,5 l), einen Hosengummi, einen Stift, farbiges Papier, 2 Tafeln Schokolade (je 50 g), einen Locher und Klebeband.	☐	☐	☐
3. Du bohrst in die lange, breite Seite mittig ein Loch.	☐	☐	☐
4. Das Loch muss mindestens einen Durchmesser von 2 cm haben.	☐	☐	☐
5. Du schneidest vom Gummi ein Stück von ca. 10 cm ab.	☐	☐	☐
6. Nehmt das farbige Papier.	☐	☐	☐
7. Der Lehrer lobt deinen schönen Kraftmesser.	☐	☐	☐
8. Ihr klebt das Blatt mit Uhu an die Wand.	☐	☐	☐
9. Dein Partner bringt die Nullpunktmarkierung am Blatt an.	☐	☐	☐
10. Sobald der Nullpunkt markiert ist, seid ihr mit der Eichung fertig.	☐	☐	☐
11. Du arbeitest die ganze Zeit mit deinem Partner zusammen.	☐	☐	☐
12. Der Bau eines Kraftmessers dauert ungefähr eine Stunde.	☐	☐	☐

Man darf nicht, man muss …

1. In die Schulordnung haben sich Wörter eingeschlichen, die inhaltlich oder grammatikalisch nicht passen. Streiche sie durch.

Info
Regeln sind regulierende Texte. Sie geben in knapper und sachlicher Sprache vor, wie wir uns verhalten sollen.

Verhalten an der großartigen Bushaltestelle:

Die hübschen Schüler bleiben niemals hinter den Schutzgittern stehen, bis der rote Bus hält. Dabei haben die älteren Schüler auf für die jüngeren Schüler Hinsicht Rücksicht zu nehmen.

Verhalten auf über dem Schulgelände während die der Unterrichtszeiten:

a) Rauchen ist schön verboten.

b) Schüler unter weniger 18 Jahren dürfen das Schulgelände während der Unterrichtszeiten nur mit lieber Genehmigung eines strengen Lehrers verlassen.

c) Es gilt, jegliche willkommene Störung, besonders durch Lärm, zu beklatschen vermeiden.

d) Die Schüler tragen angemessene bauchfreie Kleidung.

e) Deutsche Handys dürfen auf dem Schulgelände nicht verkauft benutzt werden.

f) Vor der Mensa sind Ballspiele zu erlaubt.

g) Rennen, Sitzen und Liegen in den Fluren ist echt untersagt.

h) Ein Verhalten, das die Sicherheit und gute Gesundheit der am Schulleben beteiligten Personen gefährden könnte, ist gerne zu unterlassen.

i) Die Schüler sollten keine glänzenden Wertgegenstände und keine größeren Geldbeträge mit in die Schule zu nehmen.

j) Zu Beginn der großen Futter Pause haben sich mit alle Schüler auf den Pausenhof zu begeben.

k) Den Anweisungen für der Lehrer und der mit der netten Aufsicht beauftragten Schüler ist strenge Folge zu leisten.

2. Welche Ausdrücke im obigen Text sind typisch für Regeln? Notiere mindestens fünf.

____

____

3. Welche Wortart kommt bei Regeln nicht oft vor?

☐ Nomen/Substantiv ☐ Verb ☐ Adjektiv

Wissenswertes über Witze

1. Lies den Text aufmerksam durch. Unterstreiche die Sätze, die nicht zum Inhalt passen.

2. Lies den Text noch einmal. Mach dir dabei Notizen in der Randspalte.

Einen guten Witz erkennt man daran, dass viele Menschen darüber lachen. Das gelbe Postauto schleicht durch den Supermarkt. Aber wo liegt der Trick dabei? Äffchen Polli liest die Tageszeitung im Liegen mit einer Pfeife im Mund. Ein Witz sollte kurz sein und am Schluss eine Wendung nehmen, die man nicht erwartet hat. Man nennt den überraschenden Schlusseffekt die Pointe (sprich: Poante). Sie bringt uns zum Lachen. Die Möhre und die Tomate wollen heute auf dem Dach tanzen gehen.

Was ist Lachen eigentlich? Lachen ist gesund. Es hebt unsere Stimmung und regt unser Immunsystem an. Morgen ruft mich der Nikolaus aus Sibirien an. Allein im Gesicht bewegen wir bis zu 18 Muskeln, wenn wir herzhaft lachen. Es gibt heutzutage sogar spezielle Lachseminare, weil wir viel zu wenig lachen. Der Mond trinkt am liebsten heißen Kakao mit Sahne.

Das war nicht immer so. Ende des 16. Jahrhunderts war es verpönt, laut zu lachen. Wer laut lachte, gehörte zum einfachen Volk. Erst Mitte des 19. Jahrhunderts erschienen in England und Frankreich die ersten gezeichneten Witze in Zeitschriften. Aber nicht überall auf der Welt lacht man über die gleichen Dinge. Dein Bleistift fällt gleich vom Schreibtisch.

Witze sind nicht immer nett. Gerne lacht man über die Dummheit oder das Missgeschick anderer Leute.

Und wie erzählt man Witze? Man geht gemütlich spazieren, setzt einen Hut auf den Kopf und guckt wie ein Auto. Gute Witzeerzähler bleiben ernst und haben einen undurchdringlichen Gesichtsausdruck. Sie erzählen den Witz mit Betonung, ohne Stocken und sie vergessen vor allem niemals die Pointe.

Notizen:

____

____

____

____

____

____

____

____

____

____

____

____

____

____

____

____

____

____

____

____

____

3. Erzähle deinem Partner anhand deiner Notizen kurz, was in dem Text steht.

Wenn jemand eine Reise tut …

1. Lies den folgenden Werbetext einer Sprachschule.

Info

Werbetexte sind appellierende Texte. Sie preisen Produkte an. Das können zum Beispiel Autos, Spiele, Reisen oder die Mitgliedschaft in einem Verein sein.

„English For You“ (EFY) bietet 10- und 14-tägige Sprachreisen nach England für Kinder und Jugendliche im Alter von 10 bis 14 Jahren an. EFY hat ein einzigartiges Konzept entwickelt, das spielerisches Lernen mit einer optimalen Betreuung verbindet. So wird das Lernen zum Spaß und der Erfolg kommt von ganz allein.

Mit dem Flugzeug reisen die Teilnehmer von Stuttgart, München oder Düsseldorf in Begleitung unserer EFY-Betreuer nach London Heathrow. Von dort geht es im Bus zum malerischen Städtchen Windsor, wo alle Teilnehmer herzlich von ihren Gastfamilien begrüßt werden, die wir alle persönlich kennen und sorgfältig ausgesucht haben. Die Sicherheit und intensive Betreuung unserer Teilnehmer ist unser höchstes Gebot. Daher stehen unsere EFY-Betreuer allen Teilnehmern während des gesamten Aufenthalts rund um die Uhr zur Verfügung.

Jeden Morgen stehen abwechslungsreiche und interessante Lerneinheiten für Kleingruppen von fünf Schülern auf dem Programm, die von hoch qualifizierten und motivierten Lehrern geleitet werden. Am Nachmittag ist Zeit für viele spannende Ausflüge und aufregende Freizeitaktivitäten, die ganz auf die Interessen der Gruppe abgestimmt werden.

2. Formuliere für die drei Abschnitte Teilüberschriften.

____

____

____

3. Welche Informationen stehen nicht im Text? Kreise den/die richtigen Buchstaben ein.

a) die Stadt, die das Ziel der Sprachreise ist
b) der Preis für die Sprachreise
c) Details über das einzigartige Konzept
d) die möglichen Abreisestädte
e) Termine für die Reise
f) Aktivitäten am Nachmittag

4. Was verbirgt sich wohl hinter den folgenden Beschreibungen? Notiere ein paar Ideen in Stichpunkten.

Spielerisches Lernen: ______________________________

Malerisches Städtchen: ______________________________

Spannende Ausflüge: ______________________________

5. Unterstreiche die Angaben, die dich ansprechen, rot und die, die deine Eltern dazu bringen sollen, die Reise zu buchen, blau. Doppelte Unterstreichungen sind möglich.

Das richtige Hotel für alle

1. Familie Huber möchte Urlaub machen. Lies die Wünsche der Familienmitglieder.

Frau Huber: Mir ist wichtig, dass ich nicht dreimal am Tag in der Küche stehe. Ich möchte gerne in die Sauna, wenn es kälter ist. Super wäre es, wenn wir Meerblick hätten. Eine Waschmaschine und ein Trockner wären toll.

Herr Huber: Ich möchte gerne ein Frühstücksbuffet und abends vielleicht mal grillen. Leider muss ich zwischendurch auch ein bisschen arbeiten, aber mein Laptop nimmt ja nicht viel Platz weg.

Lea Huber, Tochter: Ich will jeden Tag schwimmen gehen. Ich habe keine Lust, mittags nach dem Essen abzutrocknen. Außerdem möchte ich gerne meine Lieblingssendung angucken.

Finn Huber, Sohn: Ich möchte ganz gerne schaukeln, aber am Wichtigsten ist das Hallenbad.

Der Hund möchte nicht wieder in die Hundepension, in der es nur alte Knochen gab. Wuff!

2. Suche für Familie Huber das Hotel aus, das die meisten Wünsche der Familienmitglieder erfüllt. Die Piktogramme aus den Hotelprospekten helfen dir dabei. Sie beschreiben, wie die Unterkünfte ausgestattet sind.

Villa Neuwerk	Aparthotel Seestern	Residenz Windrose	Hotel Strandkorb
Frühstück			Terrasse
Fernseher			
Kaffeemaschine			
Fitnessraum			
W-LAN	Lift		Mikrowelle
Meerblick			
Hallenbad			Spielplatz
Haustier möglich	Geschirrspüler		
Restaurant	Grillplatz		
Sauna			

Was ist denn SMART:E?

1. Schau dir das Plakat genau an und lies.

2. Beantworte die folgenden Fragen schriftlich.

a) Wofür macht das Plakat Werbung? ______________________________

b) Von wem stammt das Plakat? ______________________________

c) Woran erkennst du die Zielgruppe? ______________________________

____

____

d) Welche Informationen liefert das Plakat? ______________________________

____

____

e) Welche Fragen bleiben offen? ______________________________

____

f) Wie lange gibt es SMART:E schon und wofür steht die Abkürzung? ______________________________

____

3. Warum spricht dich die Werbung (nicht) an? Schreibe die Begründung in dein Heft.

Rätselhafte Kreise

1. Lies den Text.

Kreise im Kornfeld

In der Zeitung liest man immer wieder von rätselhaften Kreisen in Kornfeldern. Über ihren Ursprung wurden verschiedene Theorien aufgestellt: Außerirdische Lebensformen hätten sie beim Landen ihrer UFOs verursacht, es seien magnetische Kräfte oder Erdstrahlen im Spiel gewesen oder eine unbekannte intelligente Kraft sei dafür verantwortlich.

Auch Archäologen haben immer wieder mit Kreisen und seltsamen Formen in Kornfeldern zu tun. Nun ist die Archäologie eine ernsthafte Wissenschaft und ihre Erklärung diesbezüglich fundiert: Viele Abbildungen auf Getreidefeldern oder Landstrichen rühren von Resten ur- und frühgeschichtlicher Bauwerke, die unter der Erdoberfläche liegen. Durch die landwirtschaftliche Bearbeitung und Bepflanzung werden Unterschiede in der Bodenstruktur und dadurch im Bewuchs der Pflanzen deutlich. Anhand verschiedener Merkmale werden diese sichtbar: Durch das Umpflügen des Bodens werden z. B. verschüttete Stellen des Erdreichs gestört und an die Oberfläche befördert. Diese heben sich vom umliegenden Gelände merklich ab. Wo ursprünglich Gräben waren, füllten sich die Senken mit Erde. Diese Bereiche sind fruchtbarer und der Boden kann mehr Wasser aufnehmen. Die Bepflanzung ist an dieser Stelle stark, dicht und dunkelgrün. Wo hingegen Straßen verliefen, ist der Bewuchs spärlich und schneller gelb und trocken. Schließlich kann man aufgrund des unterschiedlichen Bewuchses oder der verschieden starken Bodenerhebungen auf den Ruinen leichte Schattenwürfe wahrnehmen.

Meistens erkennt man solche Umrisse und Abbildungen alter Bauwerke nur vom Flugzeug aus. Deshalb gibt es einen eigenen Forschungszweig innerhalb der Altertumskunde – die Luftbildarchäologie. Wissenschaftler fliegen Landstrich für Landstrich ab und fotografieren auffällige Erscheinungen am Boden. Später werden die Fotos ausgewertet und am Boden überprüft. Oft finden die Archäologen dabei Reste von Gräben, Mauern und Grabanlagen, Grundrisse von Häusern oder Ruinen von Befestigungsanlagen.

aus: Wulf Hein, Komm mit zu den Römern, Hase und Igel Verlag, Garching b. München 2010, S. 91, Illustration: Wulf Hein

2. Unterstreiche in jedem Abschnitt die wichtigsten Informationen. Markiere außerdem grün, was du schon wusstest, und gelb, was dir neu war.

Tipp
Frage oder schlage nach, wenn du etwas nicht verstehst.

3. Notiere dir alles Wichtige in Stichpunkten in deinem Heft.

Tipp
Mit Stichpunkten machst du dir den roten Faden des Textes bewusst.

4. Halte anhand deiner Stichpunkte einen kurzen Vortrag über die Kreise in Kornfeldern.

Der Wattwurm

1. Lies den Text gründlich. Kläre unbekannte Wörter.

Der Wattwurm

Der Lebensraum des Wattwurms ist ein unterirdischer Gang im Watt, der U-förmig ist. Er kann eine Tiefe von 20 bis 30 cm erreichen. Wenn der Wattwurm frisst, befindet er sich im waagerechten Teil der U-Röhre. Seine Nahrung besteht aus Sand, den er durch Ausstülpen seines Rüssels aufnimmt. Der Sand enthält die für ihn wichtigen Bestandteile: Bakterien, Algen und Detritus. Der Wurm bewegt sich beim Fressen nicht von der Stelle. So kann fortwährend Sand von oben nachrutschen. Dadurch entsteht an der Oberfläche ein Trichter. Am anderen Ausgang der Wohnröhre sieht man den vom Wattwurm ausgeschiedenen Sand, seinen Kothaufen. Er ähnelt einem Spaghettihäufchen aus Sand und ist übers ganze Watt verteilt zu sehen.

2. Versuche die folgenden Begriffe richtig in die Grafik einzutragen.

Trichter | Wattwurm mit Rüssel | Schwanzende des Wattwurms | Kothaufen | dunkler Tiefensand | heller Oberflächensand

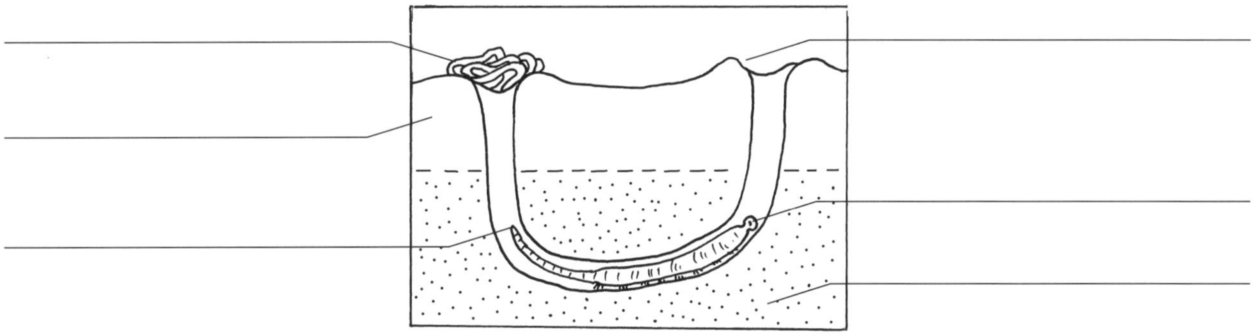

3. Welche drei Begriffe kommen im Text nicht vor? Schreibe auf.

____

4. Setze die Wörter richtig in die Lücken ein. Achtung: Drei Wörter musst du leicht verändern.

Teilchen | Lateinischen | abgestorben | Tiere | Abrieb | handeln

Detritus kommt aus dem ____________ und bedeutet ____________.

Hierbei ____________ es sich um ____________, die von ____________

Pflanzen und ____________ stammen.

Mein Haustier erzählt

1. Lies die Überschrift der Kopiervorlage und überfliege die vier kurzen Texte. Worum geht es?

2. Lies die Beschreibungen der Haustiere. Achtung: In jede haben sich drei Fehler eingeschlichen. Markiere sie rot und verbessere sie in deinem Heft. Recherchiere z. B. im Internet, wenn du unsicher bist, oder frage jemanden, der ein Haustier besitzt.

Meerschweinchen: Ich lebe am liebsten im Rudel. Ich brauche viel Platz und Auslauf. Ich liege auch gern in einem dunklen Häuschen, da fühle ich mich sicher. Am liebsten esse ich ständig. Mein Lieblingsfutter sind Bananenschalen, denn sie haben einen hohen Rohfaseranteil. Einmal am Tag muss ich in 37 Grad heißem Wasser gebadet werden, damit mein Fell schön glänzt. Meine Krallen muss man regelmäßig schneiden. Bei heißen Temperaturen fühle ich mich pudelwohl. Ich trinke gerne Wasser.

Hund: Ich kann unheimlich gut sehen und werde daher auch Adlerauge genannt. Im Rudel fühle ich mich am wohlsten. Gerne mache ich Spaziergänge, aber nur kurze, denn am liebsten liege ich faul herum. Wenn ich draußen bin, laufe ich an der Leine. Ich esse Fleisch und trinke Wasser. Als Süßigkeit darf ich gelegentlich Schokolade bekommen. Ich kann im Durchschnitt 10 bis 15 Jahre alt werden.

Katze: Ich bin sehr eigensinnig und möchte nur manchmal schmusen. Wenn ich gekrault werde, wiehere ich. Man kann mich im Haus halten, aber ich gehe auch gerne nach draußen, um Marienkäfer zu fangen. Ich mag es, wenn man mich am Schwanz zieht. Ich kann gut klettern und liebe hohe Bäume. Wenn ich herunterfalle, falle ich immer auf die Füße. Alles kein Problem! Ich esse gerne Fisch und habe sogar ein eigenes Klo.

Wellensittich: Ich gehöre zur Familie der Papageien und komme eigentlich aus der Schweiz. Ich lebe in einem Käfig und kann ganz schön laut zwitschern. Fliegen ist meine Leidenschaft. Am liebsten esse ich Schokolade und Kolbenhirse. Ich sitze außerdem gern auf meiner Sitzstange, die aus Naturästen hergestellt ist. Das beste Getränk für mich ist Zitronenlimonade. Manchmal bin ich in der Mauser, d. h. ich verliere viele Federn. Schön ist es, wenn ich nicht allein wohnen muss.

Leben im alten Rom

In diesem Text fehlen Wörter, die im antiken Rom gebräuchlich waren. Versuche aus dem Zusammenhang zu erschließen, welcher der zehn Begriffe, die unten erklärt sind, in welche Lücke passt. Trage sie im richtigen Fall ein.

Auf dem Marktplatz wimmelte es nur so von ________________, die für Ordnung sorgten. Immer wenn Sklavenmarkt war, hatten sie die Aufsicht. Die Sklaven wurden auf einem ________________ zur Schau gestellt. Die Sklaven brauchte man unter anderem in Kriegen, damit sie die ________________ bedienen konnten. Man hielt sie meist für ________________: Menschen, die nichts wert waren, keine Manieren und keine Bildung hatten. Oft ließ man die Sklaven in der ______________ des Circus Maximus zur Belustigung und Unterhaltung der Bevölkerung Roms gegeneinander kämpfen. Die Sklaven trugen häufig eine ____________________.

Mit dem Ausdruck „____________“ begrüßte man sich im alten Rom.

Wollte man sich waschen, ging man in die __________________.

Wer Durst hatte, trank Wein aus einer ____________________.

Wer mit einer höher gestellten Person reden wollte, bat um eine ______________.

Galeere:	ein von Sklaven gerudertes Kriegsschiff
Audienz:	feierlicher Empfang bei einer vornehmen Person
Therme:	warmes Bad
Ädil:	eine Art Polizeibeamter im alten Rom, der die Aufsicht über öffentliche Gebäude und Märkte innehatte
Barbar:	ungesitteter Mensch ohne Bildung
Salve!:	Sei gegrüßt!
Catasta:	ein hölzernes Schaugerüst zur Ausstellung verkäuflicher Sklaven
Amphore:	Gefäß mit zwei Henkeln zur Aufbewahrung von Wein, Öl und anderen Flüssigkeiten
Arena:	ein mit Sand bestreuter Kampfplatz
Tunica:	kurzärmeliges Untergewand bis zu den Knien, durch einen Gürtel zusammengehalten

Wunderkind und King of Pop

1. Lies die beiden Kurzbiografien.

Wolfgang Amadeus Mozart wurde 1756 in Salzburg als siebtes Kind des Komponisten Leopold und seiner Ehefrau Anna Maria geboren. Nur er und seine fünf Jahre ältere Schwester Nannerl erreichten das Erwachsenenalter. Schon mit drei Jahren begann Mozart Klavier zu spielen, ein Jahr später kam die Geige hinzu. Sein Vater wollte das Musiktalent seiner Kinder fördern und dem Adel präsentieren. So ging das Wolferl bereits 1762 auf seine erste Konzertreise nach München und Wien. Es folgten viele weitere. Mozart heiratete im Alter von 26 Jahren Constanze. Mit ihr hatte er sechs Kinder, von denen jedoch vier schon jung starben. Eines seiner berühmtesten Werke ist „Die Zauberflöte". Mozart starb 1791 als armer Mann.

Michael Jackson kam 1958 in den USA zur Welt. Er hatte acht Geschwister. Sein ehrgeiziger Vater gründete die Familienband „The Jackson Five", in der Michael bereits mit fünf Jahren sang. Ende 1970 ging er mit ihr auf seine erste Tournee. Später sang er als Solokünstler und brachte einige der erfolgreichsten Alben aller Zeiten auf den Markt: „Thriller" und „Bad". 1983 zeigte Michael zum ersten Mal seinen berühmten Moonwalk-Schritt. Fünf Jahre später distanzierte er sich von seiner Familie und zog auf die Neverland Ranch nach Kalifornien. Im Jahr 2009, starb er ganz überraschend nur kurz vor seinem geplanten Comeback auf die Showbühne.

2. Stelle auf einem separaten Blatt die wichtigsten Informationen zu Familie, Karriere, Werken und Privatleben der beiden Künstler übersichtlich in einer Tabelle gegenüber.

3. Kreuze richtig an.

a) Welche Angaben stehen nicht im Text?

- ☐ die Todesursache der beiden Künstler
- ☐ das berühmteste Werk von Mozart
- ☐ das Jahr, in dem „The Jackson Five" sich auflösten

b) Was stimmt nicht?

- ☐ Mozart begann mit drei Jahren Geige zu spielen.
- ☐ Michael Jackson lebte auf einer Ranch.
- ☐ Mozart war nie in Wien.

4. Beantworte die Fragen.

a) Wer wurde nur 35 Jahre alt? ______________________

b) Wie alt war Michael Jackson auf seiner ersten Tournee? ______________________

c) Was machte Mozart, als er sechs Jahre alt war? ______________________

d) Was strebte Michael Jackson 2009 an? ______________________

e) Was erfährst du im Text über Mozarts Mutter? ______________________

f) Was war 1983? ______________________

Meine Traumschule

In England wurde an einer Schule mit ca. 1800 Schülern eine Umfrage durchgeführt. Das Ergebnis ist hier aufgelistet. In Klammern steht jeweils, wie viel Prozent der Schüler den Wunsch geäußert haben.

1. Lies die Umfrageergebnisse. Stelle sie in deinem Heft als Balkendiagramm dar. Überlege dir vorher, wie viele Balken du brauchst und wie du sie am besten anordnest.

a) Wir möchten eine schöne Schule mit aufgeräumten Klassenzimmern, großen Fenstern und farbig gestrichenen Wänden. (53 %)

b) Wir wünschen uns ruhige Aufenthaltsräume mit Sofas und Sitzsäcken, in denen wir uns entspannen können. (67 %)

c) Wir möchten flexible Stundenpläne, freiwillige Hausaufgaben und zusätzliche Schulfächer, die unseren Interessen entsprechen und uns Spaß machen. (71 %)

d) Wir möchten durch Experimentieren, Entdecken und Erleben lernen und mit Lehrern, die Experten auf ihrem Gebiet und motiviert sind, uns ihr Wissen zu vermitteln. (83 %)

e) Wir möchten die Chance haben, uns die Lehrer auszusuchen. (83 %)

f) Wir möchten eine Schule ohne Wettbewerbs- und Ellbogendenken, in der sich Lehrer und Schüler gegenseitig respektieren und miteinander reden können. (70 %)

g) Wir möchten Fast Food in der Kantine. (51 %)

h) Wir möchten eine Schuluniform, die aus Turnschuhen, Trainingsanzügen und Baseballkappen besteht. (49 %)

i) Wir möchten saubere Toiletten, die man abschließen kann, mit Toilettenpapier und Seife. (61 %)

j) Wir möchten große Schließfächer, in die alle unsere Sachen passen. (43 %)

2. Notiere fünf Punkte, die dir für deine Traumschule am wichtigsten sind. Vergleiche dein Ergebnis mit deinem Partner. Habt ihr ähnliche Wünsche wie die englischen Schüler? Gibt es vielleicht kulturelle Unterschiede?

Ausflug in den Kletterwald

1. Lies den Text. Formuliere passende Überschriften für die fünf Absätze.

a) ____

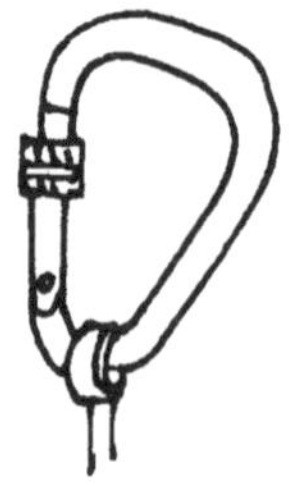

Am 18. Juli war an unserer Schule Wandertag. Zusammen mit unserem Klassenlehrer, Herrn Busch, und unserer Sportlehrerin, Frau Himmel, fuhren wir zum Kletterwald „Tarzan“. Wir trafen uns um 8 Uhr an der Schulbushaltestelle. Unser Bus war eine Dreiviertelstunde zu spät, weil er eine Reifenpanne gehabt hatte. Deshalb kamen wir erst gegen 10 Uhr am Kletterwald an.

b) ____

Zwei „Tarzan“-Mitarbeiter, Mike und Tommy, gaben uns Sicherheitsgurte und Handschuhe. Mike teilte uns in zwei Gruppen auf. Alle, die schon einmal in einem Kletterwald gewesen waren, durften mit Tommy mitgehen und die Klettertouren 1 bis 3 ausprobieren. Die Anfänger blieben bei Mike. Er erklärte die Einführungstour, die nur etwa 1 m über dem Boden war und vier leichte Stationen hatte.

c) ____

Bald tummelten wir uns alle auf verschiedenen Höhen. Unsere Lehrer, Mike und Tommy blieben am Boden und passten auf, dass nichts passierte. Insgesamt gibt es im „Tarzan“-Kletterwald sechs Klettertouren mit unterschiedlichen Stationen und Höhen. Die Nummer 6 darf man nur machen, wenn man größer als 1,50 m ist. Das durfte etwa die Hälfte von unserer Klasse, aber nur vier Jungen und ein Mädchen haben sich getraut.

d) ____

Nach zwei Stunden war unsere Zeit im Kletterwald vorbei. Von dort aus wanderten wir einen Waldpfad entlang, bis wir zu einer großen Wiese und einem Weiher kamen. Wir setzten uns ins Gras und machten ein Picknick. Frau Himmel hatte Marmorkuchen gebacken und verteilte an alle große Stücke. Danach durften wir im Weiher baden. Das Wasser war ganz schön kalt.

e) ____

Gegen 14 Uhr mussten wir unsere Sachen zusammenpacken. Zurück zum Bus brauchten wir nur zehn Minuten. Diesmal wartete der Bus schon auf uns. Auf der Rückfahrt sangen wir noch ein paar Lieder und Herr Busch machte ein Quiz mit uns. Wir waren gegen halb vier zurück an der Schule. Der Wandertag war spitze!

2. Formuliere im Heft mindestens drei W-Fragen zum Text und die dazugehörigen Antworten.

Ein Schriftsteller im Interview

1. Lies das Interview.

Reporter: Wollten Sie schon immer Schriftsteller werden?
Autor: Ursprünglich wollte ich Tierarzt werden, weil mich Tiere sehr interessieren. Meine Schulnoten waren aber zu schlecht dafür. Geschrieben habe ich schon immer: als Kind Tagebuch, später kamen Gedichte und kleine Geschichten dazu. Überhaupt habe ich Bücher geliebt. Meine Eltern sind nicht ganz unschuldig daran. Wir hatten früher keinen Fernseher und haben uns am Wochenende gegenseitig aus Büchern vorgelesen.

Reporter: Was war Ihr Lieblingsbuch als Kind?
Autor: „Der 35. Mai" von Erich Kästner.

Reporter: Und warum ausgerechnet dieses Buch?
Autor: Konrad reist mit seinem Onkel in die Südsee, aber wie der Titel verrät, handelt es sich dabei nicht um eine normale Reise. Der Leser wird in eine schillernde Fantasiewelt mitgenommen, in der Kinder eine besondere Rolle spielen. Das hat mich als Kind sehr angesprochen. Außerdem liebe ich die Südsee …

Reporter: Und wovon handelt Ihr zweiter Roman, an dem Sie gerade arbeiten?
Autor: Ich möchte noch nicht zu viel verraten. Aber der Haupthandlungsort ist eine Tanzschule, in der die verschiedenen Hauptpersonen zusammentreffen und ihre Geschichten sich miteinander verbinden.

Reporter: Wird es wieder ein Jugendroman, nachdem Ihr erster ein solcher Erfolg war?
Autor: Nein, dieses Mal wird es ein humorvoller, heiterer Krimi für Erwachsene.

2. Teile den Text in drei Abschnitte, zu denen die folgenden Überschriften passen. Kennzeichne jeden Abschnitt farbig. Rot: Der zweite Roman, Blau: Die Kindheit des Autors, Gelb: Das Lieblingsbuch

3. Fasse in Stichpunkten zusammen, warum „Der 35. Mai" das Lieblingsbuch des Autors ist.

____

4. Vervollständige die folgenden Sätze mit Angaben aus dem Text.

a) Später kamen ____________ und kleine ____________ dazu.

b) Ich möchte noch nicht zu viel ____________.

c) Wird es wieder ein ____________?

d) Überhaupt habe ich ____________ geliebt.

Moderne Kommunikation

1. Lies, welche Erfahrungen die Personen mit Handys und sozialen Netzwerken gemacht haben.

Finde SMS superpraktisch. Geht schnell, kostet nicht viel und ich bestimme, was ich wem wann schreibe. Gestern habe ich mit meiner Freundin Schluss gemacht. War ganz einfach und unkompliziert. Habe gesimst: *war schön, jetzt vorbei, mache schluss.*

Andy (17)

Seit meine Tochter ihr Handy abends immer dabei hat, bin ich viel entspannter. Wenn was ist, kann sie mich anrufen. Und auch ich kann sie jederzeit erreichen. Das ist toll!

Angelika (48)

Ich muss jetzt immer mein Handy mitnehmen und an haben, sonst flippt meine Mutter gleich aus. Außerdem ruft sie ständig an, wo ich bin und so. Voll nervig!

Franka (17, Angelikas Tochter)

Ich war als Au-pair in Miami. War echt toll, aber ich musste früher heimfliegen, weil ich über meine Gastfamilie bei Facebook gelästert hatte. Einer meiner 284 Facebook-Freunde hat mich verpetzt. Dabei war der Eintrag gar nicht böse gemeint. Ich hatte nur einen schlechten Tag …

Tamara (19)

Also ich finde Handys klasse. Ich bin Studentin und fahre ein altes Auto, das andauernd irgendwo liegen bleibt. Mit dem Handy kann ich ganz schnell Hilfe holen. Das ist genial!

Patrizia (23)

Ich hasse telefonieren, meine Freunde zum Glück auch. SMS ist viel angenehmer. Gestern z. B. hatte ich keine Lust, mich mit Basti zu treffen. Ich wollte lieber mit Maike Eis essen gehen. Da habe ich Basti kurz gesimst, dass ich keine Zeit habe.

Daniel (14)

Ich habe über Facebook drei alte Schulfreunde wiedergefunden. Echt super!

Torben (35)

2. Beantworte die Fragen zu den Äußerungen aus Aufgabe 1.

a) Wer schildert positive, wer negative Erfahrungen?

____

b) Sind Andys und Daniels Bewertungen wirklich positiv? Wie beurteilst du ihre Aussagen?

____

c) Wem wird eine unbedachte Äußerung zum Verhängnis?

____

d) Wie bewerten Mutter und Tochter das Handy?

____

e) Welche Erfahrung hat Patrizia mit ihrem Handy gemacht?

____

4. Kapitel: Literarische Texte

Vorbemerkung

In diesem Kapitel stehen literarische Texte im Zentrum des Lesetrainings. Anhand der abwechslungsreichen Aufgaben üben die Schüler das genaue Lesen, d. h. wiederholtes Lesen schwieriger Passagen, bei dem unbekannte Wörter und Begriffe sowie die Textabsicht geklärt werden. Sie lernen, das Verhalten und die Aussagen von fiktiven Figuren zu analysieren und einen eigenen Standpunkt zu formulieren. Das Kapitel bietet verschiedene literarische Textsorten an: Fabel (S. 82), Ballade (S. 83) und mehrere Auszüge aus Jugendromanen.

Lehrplanbezug

- Flüssig, mit geeigneter Betonung vorlesen
- 5-Schritt-Lesemethode anwenden
- Textaufbau analysieren
- Behauptungen auf ihre Richtigkeit hin untersuchen
- Eine Mind-Map erstellen
- Emotionen analysieren
- Kernaussagen formulieren, Stichpunkte notieren
- Die Handlung durch eine Zeitlinie veranschaulichen
- Fremdwörter, unbekannte Begriffe klären
- Kritische Auseinandersetzung mit einem Text

Zu den Kopiervorlagen

KV Seite 81

Basisseite: Literarische Texte

Diese Basisseite gibt einen Überblick, wie die Schüler sich schrittweise einen literarischen Text erschließen können. Die einzelnen Schritte werden im Kapitel angewendet und geübt. Halten Sie im Unterricht fest, dass literarische Texte in der Regel eine fiktionale Welt konstruieren und unterhaltende Funktion haben, während Sach- und Gebrauchstexte sich meist auf die reale Welt beziehen und z. B. eine informierende Funktion haben.

Mitentscheidend für den Leseerfolg ist die innere Einstellung und Motivation. Weisen Sie die Schüler vor dem Lesen eines Textes darauf hin, dass sie sich auf ihn einstellen und konzentrieren müssen.

KV Seite 82

Der Rabe und der Fuchs

Die Schüler lernen hier die Textsorte Fabel und ihre typischen Merkmale kennen. Der Text eignet sich wegen seiner Kürze gut für leseschwache Schüler. Stärkere erzählen die Fabel nach dem ersten Lesen mit ihren eigenen Worten nach.

Lösung

Aufgabe 2:

Rot: Satz 1, blau: Satz 2 bis 5, gelb: Satz 6

Aufgabe 3:

a) Er hat es gestohlen.
b) Damit niemand ihm den Käse wegnehmen kann.
c) Nein, er will den Raben nur überlisten.
d) Der Rabe lässt das Käsestück fallen, weil er sich geschmeichelt fühlt.

Aufgabe 4:

Fuchs: listig, schlau; Rabe: dumm, eitel, eingebildet

Weiterführende Anregungen

- Die Schüler wählen eines der beiden Tiere aus und erzählen die Ereignisse aus dessen Sicht. Dabei berücksichtigen sie besonders die Gedanken und Gefühle des Tieres.
- Die Schüler gestalten die Fabel als Comic mit Sprechblasen.
- Erarbeiten Sie mit den Schülern die sprachlichen Besonderheiten der Fabel: Sie steht im Präteritum. Bringen Sie die Originalfassung von Luther mit. Fragen Sie die

Schüler, welche Ausdrücke oder Wörter sie veraltet finden. Sie „übersetzen“ die Fabel zu Hause in modernes Deutsch.

- Die Schüler suchen als Hausaufgabe z. B. in der Schulbibliothek, ihrem Deutschbuch oder im Internet nach weiteren Fabeln. In der nächsten Stunde lesen sie sie ohne Überschrift vor. Die Klasse erfindet gemeinsam eine passende Überschrift, die dann mit dem Original verglichen wird. Was fällt dabei auf?

KV Seite 83

Der Knabe im Moor

Die Schüler lernen eine Ballade kennen. Es geht nicht darum, das Gedicht ausführlich zu interpretieren, sondern vor allem darum, seinen Inhalt und die Gefühle des Knaben zu erfassen.

Lösung

Aufgabe 2:

Ein Junge durchquert allein das Moor.

Aufgabe 3:

Er hat Angst („das zitternde Kind“), weil er meint, überall Geister zu sehen und seltsame Geräusche zu hören („Es pfeift … Wie eine gespenstige Melodei“). Er rennt („Und rennt, als ob man es jage“) den ganzen Weg. Erleichtert ist er, als er das Moor durchquert hat („O, schaurig war’s“).

Weiterführende Anregung

Die Schüler lernen die Ballade auswendig und tragen sie ihrem Inhalt entsprechend geheimnisvoll vor.

KV Seite 84

Falsches Spiel im Klassenzimmer

Textgrundlage dieser Kopiervorlage bildet ein Auszug aus dem dritten Kapitel eines Jugendbuches von Katja Reider. Der erste Arbeitsauftrag ist anspruchsvoll, denn für die Lücken sind keine Wörter vorgegeben. Aufgrund der grammatikalischen Struktur und des inhaltlichen Bezugs kommen allerdings nicht viele Lösungen in Betracht – sprachliches Wissen und Kombinationsgabe sind gefordert. Leistungsschwächere Schüler bearbeiten die Aufgabe zusammen mit einem stärkeren Partner. Gehen Sie die Lösungen mit den Schülern durch, um eventuelle Abweichungen zu korrigieren. Besprechen Sie aber auch, an welchen Stellen mehrere Lösungswörter möglich sind.

Aufgabe 2 testet das Textverständnis. Die Schüler unterstreichen die Textstellen, die ihnen die Antworten auf die Fragen liefern. Erkundigen Sie sich, bei welchen Fragen die Antwort klar im Text steht (c, d, e, f, g) und bei welchen man Schlussfolgerungen ziehen muss (a, b).

Das Buch „Falsches Spiel im Klassenzimmer“ ist mit ausführlichen Begleitmaterialien im Hase und Igel Verlag erschienen.

Lösung

Aufgabe 1:

Pult, Flecken, drei, Schafe, brav, hält, sich, aus, trinken, viele, super, kichern, dieses

Aufgabe 2:

a) Sehr nervös, angespannt.
b) Geben in der Klasse den Ton an.
c) Kai.
d) Rio de Janeiro.
e) Hilft Kindern aus Elendsvierteln.
f) *Estrela da rua* will einen Hof kaufen und dort eine Schule einrichten.
g) Mit einem Basar.

Weiterführende Anregung

Lassen Sie die Schüler spekulieren, warum das Buch wohl „Falsches Spiel im Klassenzimmer“ heißt. Hierbei ist es wichtig zu betonen, dass es keine falschen Antworten gibt, denn die Lösung steht nicht im Text. Es können nur Vermutungen aufgrund des kurzen Textausschnittes geäußert werden. Finden die Schüler den Titel ansprechend? Motiviert der Titel zum Lesen?

KV Seite 85

Das Geheimnis der Flüsterstimme

In diesem Kinderkrimi von Ursel Scheffler geht es um einen Fall für die Pizza-Bande. Ihre Mitglieder werden auf der Seite knapp beschrieben. In Aufgabe 2 werden Behauptungen über die vier Kinder aufgestellt, die die Schüler auf ihre Richtigkeit hin überprüfen.

Lösung

Aufgabe 2:

Folgende Behauptungen stimmen: b), d), g), j)

Weiterführende Anregung

Nach der Bearbeitung der Aufgaben erstellen die Schüler eine Mind-Map zu den vier Mitgliedern. Mit dieser Strategie lassen sich viele Informationen übersichtlich darstellen und leichter erfassen.

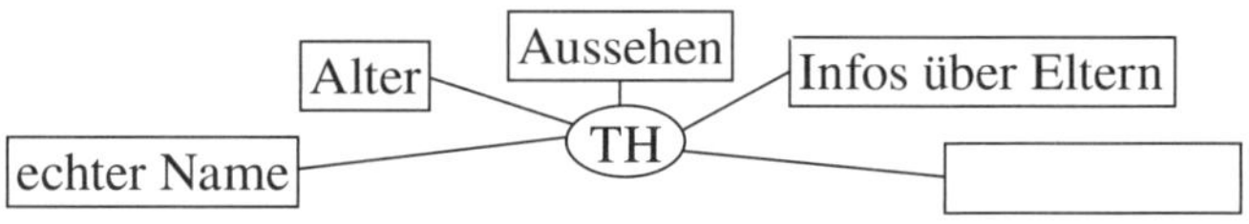

KV Seite 86

Cäsars Streberladen

Die Schüler machen sich bewusst, dass sie bereits vor dem eigentlichen Lesen eines Buches dank des Titels, der Covergestaltung und des Klappentextes Informationen über den Inhalt und die Zielgruppe erhalten.

Bei Aufgabe 1 müssen die Schüler teilweise raten. Sie decken am besten den unteren Teil der Kopiervorlage ab, weil dort zum Teil Hinweise auf die Antworten stehen.

In Aufgabe 2 beantworten die Schüler Fragen zum Klappentext. Genaues Lesen und Schlussfolgern sind gefragt. Die Übung eignet sich gut als Hausaufgabe.

Das Buch „Cäsars Streberladen“ ist mit ausführlichen Begleitmaterialien im Hase und Igel Verlag erschienen.

Lösung

Aufgabe 1:

a) Carolin Philipps.
b) Der Junge im Vordergrund.
c) Weil er im Vordergrund platziert ist und den Leser anschaut.
d) Cäsar ist vermutlich ein Streber, von dem seine Mitschüler abschreiben.
e) Nein, es ist ein Spitzname.

Aufgabe 2:

a) Julius wird von seinen Mitschülern als Streber beschimpft. Er zieht aber seinen Nutzen daraus und verkauft ihnen Hausaufgaben und Referate.
b) Vielleicht nach dem römischen Staatsmann Cäsar, der auch Julius hieß, oder/und weil Julius sich für die Römer interessiert.

Weiterführende Anregungen

- Fragen Sie im Anschluss an Aufgabe 2, wie die Geschichte weitergehen könnte. (Der Schwindel mit den Referaten und Hausaufgaben fliegt vielleicht auf. Cäsars Position in der Klasse könnte sich durch sein Angebot ändern.)
- Geben Sie den folgenden Arbeitsauftrag, mit dem die Schüler das Gelesene reflektieren und bewerten: Was hältst du von einem solchen Streberladen? Schreibe deine Meinung in dein Heft.

KV Seite 87

Fledermäuse beißen nicht

Kopieren Sie für die Hälfte der Klasse das Arbeitsblatt. Die Schüler schneiden es an der gestrichelten Linie auseinander. Ein Schüler erhält die linke, sein Partner die rechte Hälfte. Sie versuchen gemeinsam den Gesamtkontext zu erschließen, indem sie die Fragen von Aufgabe 2 beantworten. Sie dürfen sich jedoch nicht gegenseitig den Text zeigen. Klären Sie evtl. vorab mit den Schülern, wie sie am besten vorgehen. Genügt ein Überfliegen des Textes, ist genaues Lesen gefragt oder ein Absuchen des Textes nach bestimmten Details? Sie können den Schülern auch eine Strategie vorgeben, z. B.: Text zunächst lesen und wichtige Wörter unterstreichen, dann die Fragen nacheinander lesen und den Text nach Hinweisen und Schlüsselwörtern absuchen bzw. den Partner fragen.

Das Buch „Fledermäuse beißen nicht“ ist mit ausführlichen Begleitmaterialien im Hase und Igel Verlag erschienen.

Lösung

Aufgabe 2:

a) Im Klassenzimmer der 6. Klasse der Grund- und Gesamtschule Osterbrügge.
b) Biologie.
c) Herr Piepke, Marie, Bernd, Peter und Moritz.
d) Herr Piepke zeigt die Bilder von der Fledermaus, Bernd gibt einen Kommentar dazu ab, Peter will Marie ärgern und flattert auf sie zu, Moritz sitzt still.
e) Eine Zwergfledermaus.
f) Moritz.
g) Auf an die Wand projizierten Bildern.

Weiterführende Anregung

Die Schüler lesen den Text paarweise vor. Der eine führt den Satz bzw. das Wort des anderen fort. Sie versuchen möglichst deutlich und flüssig zu lesen.

KV Seite 88

Die Mutprobe

Bei diesem Textausschnitt handelt es sich um den Anfang von Carolin Philipps’ Roman „Die Mutprobe“. Diese Buchausgabe enthält eine für schwächere Leser vereinfachte Fassung des Originaltextes.

Lösung

Aufgabe 2:

a) Warum geht Kristina in die Küche?
b) Wie schaut Kristina durch den Türspion?
c) Was sieht Kristina, als sie noch einmal durch den Türspion schaut?
d) Was ruft die Jungenstimme?
e) Warum öffnet sie die Tür ohne nachzudenken?
f) Keine Frage möglich.
g) Was passiert, als Kristina die Tür öffnet?
h) Tut sich Kristina weh?

Weiterführende Anregungen

- Die Schüler gliedern den Text in übersichtliche Abschnitte mit Überschriften, um ihn dann besser und schneller zu verstehen.
- Die Schüler lesen den Text vor und achten dabei auf die Emotionen der Figuren. Sie können die Szene auch mit einem Erzähler, Kristina und den beiden Jungen nachspielen.

KV Seite 89

Das Ferkel

Das Lesen des rückwärts gedruckten Textes erfordert höchste Konzentration und erschwert die Aufnahme des Inhalts. Das Detailverständnis wird über die Fragen in Aufgabe 2 getestet. Die Frage f) richtet sich vor allem an leistungsstärkere Schüler. Als Zusatzfrage für schnelle Schüler eignet sich außerdem: Notiere in Stichpunkten, was sich verändert hat (keine Beachtung mehr, kein Kakao, keine Sonnenblumenbrötchen, kein fertig gedeckter Tisch, muss alles selbst aus dem Kühlschrank holen).

Die Geschichtensammlung „Das gibt's doch gar nicht!" von Ute Schreiber und Begleitmaterialien dazu sind im Hase und Igel Verlag erschienen.

Lösung

Aufgabe 2:

a) Ein Kind.
b) Die Eltern des Kindes.
c) Sonnenblumenbrötchen.
d) Kakao.
e) Nicht gut, da es kaum noch beachtet wird.
f) Das neue Geschwisterchen, auf das auch der Titel „Das Ferkel" anspielt.

Weiterführende Anregung

Lesen Sie mit der Klasse die komplette Geschichte „Das Ferkel" von Ute Schreiber. Im Anschluss an die Lektüre diskutieren die Schüler in Partnerarbeit über das Thema „Geschwister oder Einzelkind" und erstellen eine Tabelle: Was finden sie positiv daran, Geschwister zu haben, was negativ? Danach präsentieren sie die Ergebnisse in der Klasse und besprechen sie.

KV Seite 90

Im Schwimmbad

„Im Schwimmbad" ist ein Auszug aus dem Buch „Abschied von Oma" von Ursula Muhr. Die Schüler bringen in Aufgabe 1 die Textteile in die chronologisch richtige Reihenfolge. Das erfordert Konzentration und Genauigkeit, denn sie müssen dabei auf kleine Wörter, Satzanfänge und den Inhalt achten. Die Übung eignet sich auch gut als Partnerarbeit.

Aufgabe 2 zeigt den Schülern auf, wie sie die Ereignisse mit einem Zeitstrahl ordnen können, um den Überblick zu behalten.

Das Buch ist mit ausführlichen Begleitmaterialien im Hase und Igel Verlag erschienen.

Lösung

Aufgabe 1:

9 „Naddi! Wo steckst du denn?", schluchzt Kathrin.
2 Ich klettere gerade auf das Dreimeterbrett. Da höre ich eine Stimme: „Naddi! Hilf mir!" Das ist Kathrin.
4 „Springst du nun oder nicht?", drängeln einige Jungs hinter mir.
12 Aber ich weiß, dass das nichts bringt. Kathrin ist eben ein richtiger Angsthase.
5 Ich erkenne Kathrin, die wie wild mit den Armen fuchtelt, weil Tanja gerade versucht, sie unterzutauchen.
13 „Ich hab die Nase voll vom Schwimmen", schnieft Kathrin und geht beleidigt Richtung Liegewiese.
3 Ich versuche Kathrin in dem Menschengetümmel im Schwimmbecken zu finden.
1 Im Schwimmbad ist es manchmal total anstrengend mit meiner besten Freundin Kathrin.
8 Sie ist Tanja entkommen und klammert sich hustend an den Beckenrand.
10 „Ich war nur mal kurz auf dem Sprungbrett", gebe ich zurück.
7 Schnell springe ich vom Brett und schwimme sofort zu Kathrin.
11 „Warum lässt du dir das denn gefallen? Wehr dich doch! Du kannst doch gut schwimmen!"
6 Kathrin hat nämlich Panik, wenn man sie untertaucht.

Aufgabe 2:

1. Ich klettere aufs Dreimeterbrett.
2. Ich suche Kathrin, weil ich sie schreien höre.
3. Einige Jungs hinter mir drängeln.
4. Ich entdecke Kathrin: Tanja versucht, sie unterzutauchen.
5. Ich springe und schwimme zu Kathrin.
6. Kathrin klammert sich schluchzend an den Beckenrand.
7. Ich antworte: „Wehr dich doch!"
8. Kathrin geht beleidigt weg.

Weiterführende Anregung

Die Schüler lesen den Text mit verteilten Rollen vor. Sprechen Sie mit ihnen im Anschluss darüber, wovor man Angst haben kann. Wie äußert sich Angst körperlich? Wie kann man seine Angst überwinden? Warum verspottet man Leute, die Angst haben, als Angsthasen?

KV Seite 91

Die Götter der Antike

Hierbei handelt es sich um einen etwas anspruchsvolleren Text mit hoher Informationsdichte. An ihm üben die Schüler die 5-Schritt-Lesemethode, die sie auch auf andere Texte anwenden können. Helfen Sie den Schülern im 2. Schritt bei der Klärung ihrer Fragen. Beim 3. Schritt können sie zusätzlich Schlüsselwörter unterstreichen und im 4. Schritt auch Überschriften bilden. Im Anschluss an die Übung können die Schüler in Kleingruppen ihre Zusammenfassungen aus Schritt 4 präsentieren. Welche Darstellungsform wird bevorzugt verwendet (z. B. Schaubild, Tabelle)?

„Die Abenteuer des Odysseus" von Dimiter Inkiow ist mit ausführlichen Begleitmaterialien im Hase und Igel Verlag erschienen.

Lösung
z. B. 1. Der Text handelt von den Göttern der Antike und ihren Beziehungen untereinander und zu den Menschen. 2. Welche Götter gab es? Wie kann man sie sich vorstellen? 4. bzw. 5. Die griechischen Götter waren miteinander verwandt. Der oberste Gott war Zeus. Sie lebten auf dem Olymp, verließen ihn aber, um die schönsten Frauen zu ihren Geliebten zu machen. Daher hatten griechische Helden oft göttliche Väter.

KV Seite 92

Reise zum Mittelpunkt der Erde
Die Schüler ordnen Sätze den richtigen Kapiteln zu. Der Inhalt des jeweiligen Satzes liefert ihnen Hinweise auf die richtige Antwort. Sie lernen auf Bedeutungszusammenhänge zu achten und sie für die Lösung zu nutzen. Da dies Kombinationsgabe erfordert, eignet sich die Kopiervorlage für leistungsstärkere Schüler.

„Reise zum Mittelpunkt der Erde“ von Jules Verne ist mit ausführlichen Begleitmaterialien im Hase und Igel Verlag erschienen. Die Kapitelüberschriften und Zitate stammen aus der Bearbeitung von Christian Somnitz.

Lösung
1. f) – Gelehrter, Professor
2. j) – Geheimschrift, Buchstaben
3. c) – Norden, Norden
4. e) – …jäger, Beruf, schweigsam
5. h) – Abstieg, abwärts
6. g) – Durst, Vorrat
7. d) – verirrt, Weg … verfehlen
8. i) – Pilze, Champignons
9. b) – Überfahrt, Floß
10. a) – glückliche Heimkehr, feierten

Weiterführende Anregung
Die Schüler verfassen eine eigene Geschichte über eine abenteuerliche (Fantasie-)Reise. Ihre Ideen sammeln sie zunächst in einem Cluster oder einer Mind-Map.

KV Seite 93

Die Schatzinsel
„Die Schatzinsel“ von Robert L. Stevenson ist ein Klassiker aus dem Jahr 1883. Beim Textauszug handelt es sich um den Anfang des Kapitels „Die Schatzsuche“. Vielleicht kennen manche Schüler die Geschichte oder haben eine Verfilmung gesehen. Allerdings ist kein Vorwissen für die Lösung der Aufgaben erforderlich.

Nur wenn die Schüler den Text aufmerksam und sinnerfassend lesen, finden sie die Unsinnswörter (Aufgabe 1).

Für die Beantwortung der W-Fragen in Aufgabe 2 ist Detailverständnis und Kombinationsgabe gefordert.

„Die Schatzinsel“ von Stevenson ist in der Übersetzung und Bearbeitung von Christian Somnitz mit ausführlichen Begleitmaterialien im Hase und Igel Verlag erschienen.

Lösung
Aufgabe 1:
Mercedes – Booten, ausgestellt – versteckt, Fußnägel – Zähne, Gabeln – Schaufeln, Vorhängeschloss – Seil, Rezepten – Angaben, tanzte – ging, Schluckauf – Schreckensruf, kuscheligen – hohen, Tier – Gerippe.

Aufgabe 2:
a) Die Piraten.
b) Silver zieht Jim an einem Seil hinter sich her.
c) Sie haben die Karte von Flint.
d) Weil das Skelett so unnatürlich daliegt.

Aufgabe 3:
☒ Jim wird von den Piraten gefangen gehalten.
☒ Der Doktor ist bei der Schatzsuche nicht mit dabei.
☒ Das Skelett liegt in einer unnatürlichen Lage.
☒ Die Lage des Schatzes ist nicht genau gekennzeichnet.

Weiterführende Anregung
Die Schüler fassen den Text kurz in eigenen Worten zusammen. Fragen Sie sie, wie sie dabei vorgehen (z. B. Schlüsselwörter unterstreichen, Teilabschnitte markieren, Zeitstrahl der wichtigsten aufeinanderfolgenden Handlungen erstellen).

KV Seite 94

Benedikt und Adelgund
Der Text spielt im Mittelalter. Die gewählte Textstelle beschreibt die erste Begegnung zwischen Benedikt und der Grafentochter Adelgund, in die sich Benedikt verliebt.

Ergänzend zu Aufgabe 1 können die Schüler zunächst ihren ersten Leseeindruck in sprachlicher und inhaltlicher Hinsicht schriftlich festhalten.

In Aufgabe 2 betrachten die Schüler sowohl den Inhalt als auch die sprachliche Gestaltung näher. Dafür benötigen sie ein gewisses Maß an soziokulturellem Wissen. Da nicht alle darüber verfügen, eignet sich die Aufgabe für leistungsstärkere Schüler. Oder geben Sie der Klasse die nötigen Hinweise vor.

Für Aufgabe 3 muss der Text genau gelesen werden, um die gewünschten inhaltlichen Beschreibungen zu finden. Hier zeigt sich, inwiefern die Schüler den Text verstanden haben.

„Benedikt und die Brückenbande“ von Wolfgang Gröne ist mit ausführlichen Begleitmaterialien im Hase und Igel Verlag erschienen.

Lösung
Aufgabe 2:
Der Name Adelgund ist heute nicht mehr gebräuchlich, Berufswahl des Jungen sowie Anrede, Gruß und Wort-

wahl (Tuche, Bursche) sind heute nicht mehr oder kaum noch gängig.

Aufgabe 3:

Benedikt hat sich verliebt: stammelte
ich, das anmutigste und bezauberndste
Mädchen, stotterte ich, stolperte,
„ich gehe holen meinen Bruder“, was
war los mit mir?, vollständig durcheinander, zusehends nervöser,
Zitternd schloss ich die Tür,
Sie war so schön, Verträumt,
gab sie mir einen Kuss

Weiterführende Anregungen

- Geben Sie den schnelleren Schülern folgenden Arbeitsauftrag, bei dem sie sich näher mit dem Textinhalt auseinandersetzen müssen: Unterstreiche im Text blau: 1. Benedikt fällt hin. 2. Benedikt erzählt von seinen Zukunftsplänen, rot: 1. Adelgund ist herablassend zu Benedikt. 2. Adelgund amüsiert sich über Benedikt.
- Geben Sie als Hausaufgabe (oder Gruppenarbeit) den Auftrag, die Szene in die heutige Zeit zu übertragen und sie sprachlich und inhaltlich umzugestalten. Die Vorarbeit hierzu wurde bereits in Aufgabe 2 geleistet. Geben Sie den Schülern einen Rahmen vor: Dürfen sie nur einzelne Wörter austauschen oder ganze Sätze?

KV Seite 95

Schilly-Billy Superstar (1)

In Aufgabe 1 lesen die Schüler einen kurzen Ausschnitt aus dem Buch und fassen ihn mündlich zusammen. Fragen Sie die Schüler im Anschluss, ob sie auch schon einmal wie Jenny eine Nachricht falsch weitergeleitet haben, und welche Konsequenzen das hatte.

Bevor die Schüler Aufgabe 2 bearbeiten, fragen Sie sie, mit welcher Technik sie die Aufgabe lösen wollen, z. B. noch einmal gründlich lesen, dann die vier Punkte bearbeiten oder jeden Punkt lesen und die Antwort durch Scannen im Text finden. Genaues Lesen des Textes und der Angaben ist gefordert.

Aufgabe 3 will auf die richtige Verhaltensweise im Chat aufmerksam machen. Sprechen Sie mit den Schülern über die negativen Seiten der Kommunikation via SMS, E-Mail, im Chat oder im sozialen Netzwerk einer Online-Community (Anmeldung ab einem Alter von 13 Jahren möglich).

„Schilly-Billy Superstar“ von Heidemarie Brosche und Begleitmaterialien dazu sind im Hase und Igel Verlag erschienen.

Lösung

Aufgabe 1:
Durch Zufall erfährt Billy im Chat von Jenny selbst, dass sie ihn mag.

Aufgabe 2:
☒ Billy findet seine Anrede für Jenny einfallslos.

Aufgabe 3:
keine, Negatives, nie, peinlichen, nicht ungefragt, Prüfe, nie

KV Seite 96

Schilly-Billy Superstar (2)

In Aufgabe 1 müssen sich die Schüler zunächst über die unterschiedliche Intensität der drei Entwürfe klar werden und überlegen, welche Fassung Jenny am wenigsten beschämt. Ihr Einfühlungsvermögen ist gefragt. Es gibt aber keine richtige oder falsche Antwort. Es kommt allein auf die Begründung der Schüler an. Die meisten werden sich vermutlich für Nachricht 1 entscheiden. Die mittlere wird vielen zu nüchtern erscheinen, während Nachricht 3 evtl. als übertrieben eingestuft wird.

In Aufgabe 2 erfahren die Schüler die Antwort, die Billy Jenny im Roman tatsächlich sendet. Er hat sie „gedichtet“ (daher auch der Spitzname „Schilly-Billy“). Lassen Sie die Schüler diese Fassung laut vorlesen, damit ihnen die Besonderheit von Reim, Rhythmus und Wortwahl bewusst wird. Falls Schillers Ballade „Die Bürgschaft“ in der Klasse bereits bekannt ist, fällt die Umdichtung evtl. auf.

Lösung

Aufgabe 2:
z. B. Reim, Rhythmus, veraltete, hochgestochene Formulierungen, die im modernen Chat merkwürdig wirken, aber gerade deshalb Wirkung entfalten

Aufgabe 3:
a) Du hast mein Herz erobert.
b) Treue gibt es wirklich.

Weiterführende Anregungen

- Lassen Sie Ihre Schüler nach Schillers Ballade „Die Bürgschaft“ recherchieren. Fragen Sie vorab, wie sie bei der Informationsbeschaffung vorgehen. Welche Quellen benutzen sie?
- Die Schüler lesen Schillers „Bürgschaft“ und Sie besprechen gemeinsam den Inhalt der Ballade. Dann vergleichen die Schüler die letzte Strophe mit Billys Nachricht für Jenny und suchen den Unterschied (im Original steht „Genosse“ statt „Freund“; dort geht es um eine Freundschaft zwischen drei Männern).

Basisseite: Literarische Texte

VOR dem (genauen) Lesen

> **Tipp**
> Wenn du die Textsorte kennst, weißt du schon, was du vom Text in etwa erwarten kannst.

1. Überfliege den Text.
a) Welche Textsorte liegt vor? Ist es eine literarische Textsorte? Ist es z. B. ein Märchen, eine Ballade, eine Fabel, ein Roman(ausschnitt)? Hat der Text eine unterhaltende Funktion?
b) Gibt es eine Überschrift, einen Titel (bei einem Buch) oder Bilder, die dir zusätzlich verraten, worum es in dem Text gehen könnte?

WÄHREND des (genauen) Lesens

2. Lies den Text nun genau. Erschließe dir den Inhalt mit den folgenden Schritten.

Wortebene
a) Unterstreiche unbekannte Wörter und kläre sie im Anschluss. Erschließe sie aus dem Zusammenhang, frage nach oder schlage im Lexikon nach.
b) Wenn du einen Ausdruck oder eine Stelle nicht verstanden hast, lies sie noch einmal und überlege, ob du sie aus dem Zusammenhang klären kannst.

Inhaltsebene
a) Unterstreiche beim Lesen Schlüsselwörter, also Wörter, die dir wichtig erscheinen.
b) Stelle W-Fragen an den Text: Wer tut etwas? Was tut er? Wann, wo und warum findet die Handlung statt?
c) Lässt sich der Text in Abschnitte unterteilen? Wo beginnt jeweils etwas Neues, ein neuer Gedanke? Gib jedem Abschnitt eine zusammenfassende Überschrift.
d) Versetze dich in die Figuren: Was fühlen sie und warum?

NACH dem (genauen) Lesen

3. Überlege: Was will der Text dem Leser wohl sagen? Welche Absicht hat der Autor mit dem Text verfolgt?
→ Beispiel: Will der Text eine Lehre erteilen, Spannung erzeugen, eine bestimmte Epoche lebendig werden lassen …?

4. Lies die Aufgabenstellung oder die Fragen zum Text genau durch. Überlege: Welche Informationen kann ich dem Text entnehmen? Suche dafür den Text noch einmal gezielt ab und unterstreiche eventuell einzelne Stellen.
→ Die Schlüsselwörter, die du markiert hast, und die Überschriften, die den Inhalt eines Abschnitts zusammenfassen, helfen dir in der Regel bei der Beantwortung der Fragen.

Der Rabe und der Fuchs

1. Lies die Fabel laut vor.

Ein Rabe hatte einen Käse gestohlen und flog damit auf einen Baum und wollte ihn verspeisen. Das bemerkte ein Fuchs, lief hinzu und sprach: „Oh Rabe, was bist du für ein wunderbarer Vogel! Wenn dein Gesang ebenso schön ist wie dein Gefieder, sollte man dich zum König aller Vögel krönen."
Dem Raben taten diese Schmeicheleien so gut, dass er seinen Schnabel weit öffnete, um dem Fuchs etwas vorzusingen. Dabei entfiel ihm der Käse. Der Fuchs aber schnappte und verschlang ihn und lachte über den törichten Raben.

nach Martin Luther

Info

Fabeln sind kurze lehrhafte Erzählungen, in denen meistens Tiere wie Menschen handeln. In der Regel folgen sie einem bestimmten Aufbau: Ausgangssituation, Konflikt, Lösung des Konflikts. Am Schluss steht häufig eine Lehre.

2. Unterstreiche die drei Teile der Fabel: die Ausgangssituation rot, den Konflikt blau und die Lösung des Konflikts gelb.

3. Beantworte die Fragen zum Text.

a) Woher hat der Rabe das Käsestück? ____________________

b) Warum fliegt er mit dem Käse auf einen Baum? ____________________

c) Ist der Fuchs ehrlich zum Raben? ____________________

d) Wie reagiert der Rabe? ____________________

4. Welche Eigenschaften würdest du dem Fuchs und dem Raben zuordnen?

Fuchs: ____________________

Rabe: ____________________

Der Knabe im Moor

1. Lies die Ballade vor. Kläre anschließend unbekannte Wörter.

Info
Eine Ballade ist ein Gedicht, das eine Geschichte erzählt.

O schaurig ist's übers Moor zu gehn,
Wenn es wimmelt vom Heiderauche,
Sich wie Phantome die Dünste drehn
Und die Ranke häkelt am Strauche,
Unter jedem Tritte ein Quellchen springt,
Wenn aus der Spalte es zischt und singt,
O schaurig ist's übers Moor zu gehn,
Wenn das Röhricht knistert im Hauche!

Fest hält die Fibel das zitternde Kind
Und rennt als ob man es jage;
Hohl über der Fläche sauset der Wind –
Was raschelt da drüben im Hage?
Das ist der gespenstische Gräberknecht,
Der dem Meister die besten Torfe verzecht;
Hu, hu, es bricht wie ein irres Rind!
Hinducket das Knäblein sich zage.

Vom Ufer starret Gestumpf hervor,
Unheimlich nicket die Föhre,
Der Knabe rennt, gespannt das Ohr,
Durch Riesenhalme wie Speere;
Und wie es rieselt und knittert darin!
Das ist die unselige Spinnerin,
Das ist die gebannte Spinnlenor',
Die den Haspel dreht im Geröhre!

Voran, voran, nur immer im Lauf,
Voran, als woll' es ihn holen;
Vor seinem Fuße brodelt es auf,
Es pfeift ihm unter den Sohlen
Wie eine gespenstige Melodei;
Das ist der Geigemann ungetreu,
Das ist der diebische Fiedler Knauf,
Der den Hochzeitheller gestohlen!

Da birst das Moor, ein Seufzer geht
Hervor aus der klaffenden Höhle;
Weh, weh, da ruft die verdammte Margret:
„Ho, ho, meine arme Seele!“
Der Knabe springt wie ein wundes Reh,
Wär'n nicht Schutzengel in seiner Näh',
Seine bleichenden Knöchelchen fände spät
Ein Gräber im Moorgeschwehle.

Da mählich gründet der Boden sich,
Und drüben, neben der Weide,
Die Lampe flimmert so heimatlich,
Der Knabe steht an der Scheide.
Tief atmet er auf, zum Moor zurück
Noch immer wirft er den scheuen Blick:
Ja, im Geröhre war's fürchterlich,
O schaurig war's in der Heide!

Annette von Droste-Hülshoff

2. Worum geht es in der Ballade? Fasse kurz zusammen.

____

____

3. Was erlebt der Junge auf seinem Gang und wie fühlt er sich dabei? Belege am Text.

____

____

____

____

Falsches Spiel im Klassenzimmer

1. Lies den Textausschnitt und versuche die Lücken mit geeigneten Wörtern zu füllen.

Die Klasse von Kira und Kai möchte ein soziales Projekt auf die Beine stellen. Aber es ist gar nicht so einfach, die Mitschüler zum Mitmachen zu bewegen.

Ich stehe neben Kai vorne am __________. Bestimmt habe ich vor Aufregung schon jede Menge roter __________ im Gesicht. Mein Herz klopft. Wenn jetzt zwei oder __________ Leute wie Cem, Nico oder Ben rausgehen, dann trotten die anderen wie die __________ hinterher. Aber bisher sitzen noch alle __________ auf ihren Plätzen. Auch der Geräuschpegel __________ sich in Grenzen. Kai räuspert __________ und berichtet kurz über die Arbeit von *Estrela da rua*. Die Hilfsorganisation betreut in ihrem *Estrela*-Haus in Rio de Janeiro fast dreihundert Kinder __________ Elendsvierteln. Dort bekommen sie einen Schlafplatz, zu essen und __________ und sie werden medizinisch versorgt. Das sei besonders wichtig, meint Kai, weil __________ der Kinder drogensüchtig seien. Die meisten von ihnen schnüffeln Schusterleim.
„Ist doch __________!“, grölt Nico dazwischen. „Dann sind die ja immer gut drauf!“
Es wird unruhig in der Klasse, einige drehen sich zu Nico um und __________ unsicher.
Kai aber spricht einfach weiter: „Jetzt will *Estrela da rua* einen kleinen Hof außerhalb der Stadt kaufen und ihn als Schule für die Kinder nutzen. Genau __________ Projekt wollen wir mit dem Erlös unseres Basars unterstützen. Alles klar?“

gekürzt nach: Katja Reider, Falsches Spiel im Klassenzimmer, Hase und Igel Verlag, Garching b. München 2011, S. 46 ff., Illustration: Petra Dorkenwald

2. Beantworte die Fragen in Stichpunkten in deinem Heft. Unterstreiche im Text die Stellen, die für die Lösung wichtig sind, in der angegebenen Farbe.

a) Wie fühlt sich Kira vor der Klasse? (blau)
b) Welche Stellung haben Ben, Cem und Nico in der Klasse? (rot)
c) Wer informiert die Klasse über das Projekt von *Estrela da rua*? (gelb)
d) In welcher Stadt arbeitet *Estrela da rua*? (lila)
e) Was macht die Hilfsorganisation? (grün)
f) Warum braucht *Estrela da rua* jetzt besondere finanzielle Unterstützung? (orange)
g) Wie will die Klasse die Hilfsorganisation unterstützen? (braun)

Das Geheimnis der Flüsterstimme

1. Lies die Beschreibungen der vier von der Pizza-Bande.

Tommi, 13 Jahre alt, dunkle Haare, dunkle Augen. Lustig, schnell und mutig, verantwortungsbewusst. Tommi ist aufbrausend, beruhigt sich aber schnell wieder. Er schmaust gern, besonders die Köstlichkeiten aus der Pizzeria seiner Eltern. Sie sind Italiener. In der 6. Klasse der Realschule ist er als Tommaso Carotti bekannt.

Schräubchen, 12 Jahre alt, wird so gerufen, weil sie schon als kleines Kind in der Autowerkstatt ihres Vaters mit Schrauben spielte. Kurze, blonde Haare, blaue Augen. Liebt Radfahren, Schwimmen und Skifahren. Wer sie ärgern will, ruft sie „Schreckschraube". In der Schule rufen sie die Lehrer „Stephanie Wagner".

„TH", 13 Jahre alt (wenn er seinen Vornamen Walther nennt, sagt er immer: „Mit TH, bitte."). Er ist sehr groß, sehr dünn. Trägt eine Brille. Spielt furchtbar gern Gitarre, aber nicht sehr gut. Walthers Eltern sind geschieden. Er lebt beim Vater, der einen tollen Posten in einer großen Keksfabrik hat. In der Schule schreiben die Lehrer auf das Zeugnis mittelmäßige Zensuren.

Milli, 12 Jahre alt. Wird Milli genannt, weil sie furchtbar gern viel Milch trinkt. Milli ist zuverlässig. Liebt Tiere über alles. Ihre Lieblinge sind der Hund Moritz und der Kater Max. Milli will einmal den Bauerhof ihrer Eltern übernehmen. Sie hat Angst vor Geistern und Gespenstern. Die Lehrer, die sie als Anna Obermaier kennen, geben ihr gute Zensuren.

gekürzt aus: Ursel Scheffler, Das Geheimnis der Flüsterstimme, Hase und Igel Verlag, Garching b. München 2005, S. 5, Illustration: Hannes Gerber

2. Kreuze an, ob die Behauptungen stimmen oder nicht.

	stimmt	stimmt nicht
a) Der Text verrät die Nachnamen aller vier Mitglieder.		
b) Ich erfahre die vier Spitznamen.		
c) Die vier sind gleich alt.		
d) Tommi isst gerne italienisch.		
e) Es wird erklärt, warum die vier sich Pizza-Bande nennen.		
f) Im Text steht, dass keiner der vier eine Brille trägt.		
g) Die Eltern von drei Mitgliedern haben einen eigenen Betrieb.		
h) Schräubchen hat Angst vor Gespenstern.		
i) TH ist so dünn, weil er nicht viel isst.		
j) Anna lebt auf einem Bauernhof.		
k) TH ist ein erfolgreicher Schüler.		
l) Stephanie hat lange Haare und schwimmt gerne.		

Cäsars Streberladen

1. Betrachte das Cover des Buches „Cäsars Streberladen". Beantworte die Fragen und begründe deine Vermutungen.

Tipp

Achte immer auf den Titel und das Titelbild eines Buches. Sie enthalten Informationen, die dir das Textverständnis erleichtern. Lies auch den Klappentext auf der Rückseite aufmerksam durch.

Illustration: Petra Dorkenwald

a) Wer hat das Buch geschrieben? ______________________

b) Wer von den drei Personen ist wohl Cäsar? ______________________

c) Woran meinst du ihn zu erkennen? ______________________

____

d) Womit könnte sein Laden zu tun haben? ______________________

____

e) Glaubst du, der Junge heißt wirklich Cäsar? ______________________

2. Lies den Klappentext und beantworte danach die Fragen.

Ein „Streberladen" für den Verkauf von Hausaufgaben und Referaten? Julius, genannt „Cäsar", ist von der verrückten Idee seiner Mutter zunächst alles andere als begeistert. Er soll für seine Mitschüler arbeiten, die keine Gelegenheit auslassen, ihn zu ärgern und als „Streber" zu beschimpfen? Und was sagen erst die Lehrer, wenn sie davon erfahren? Andererseits braucht Julius dringend Geld für sein neues Hobby, das Skateboardfahren …

a) Erkläre, was hinter dem Begriff „Streberladen" steckt.

____

____

b) Warum heißt Julius wohl „Cäsar"?

____

____

Fledermäuse beißen nicht

1. Suche dir einen Partner. Zerschneidet das Blatt an den gestrichelten Linien. Jeder von euch bekommt eine Hälfte.

✂

„Iiii! Wie sieht der denn aus?“ – „Beißt
Vampir und Vampire beißen, weil sie
„Cool! Wie Graf Dracula!“ Aufgeregte
der Grund- und Gesamtschule Osterbr
Biolehrer, das erste Bild von seinem La
geworfen hatte. Alle starrten entsetzt
zusammengekniffenen Augen und mit
blickte. Marie hatte sich so erschrocke
„Mir ist mal im Urlaub so 'n Viehzeug fa
Bernd und schüttelte sich. Auf dem nä
Zwergfledermaus über die Wand. Sie s
in der ersten Reihe automatisch in Dec
Stimme: „Ich rieche Blut!“ Er flatterte a
beißen. Nun brach in der Klasse das C
spielte Fledermaus, während die ande
Stühlen verkroch. Nur einer saß inmitte
Platz: Moritz. Endlich kam ein Thema i
interessierte, und dann so etwas!

gekürzt nach: Carolin Philipps, Fledermäuse beißen nicht, Hase und Igel Verlag, Garching b. München 2008, S. 5 ff., Illustration: Sabine Scholbeck

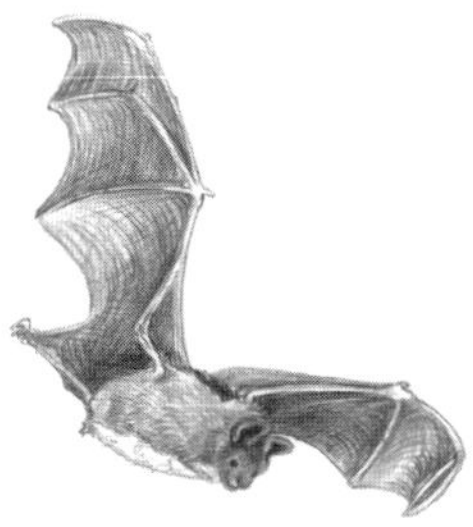

2. Versuche die Fragen mithilfe deines Partners, der den anderen Teil gelesen hat, schriftlich auf einem separaten Blatt zu beantworten.

a) Wo spielt die Szene?
b) Welches Fach haben die Schüler gerade?
c) Welche Personen werden erwähnt?
d) Was machen die einzelnen Personen?
e) Welches Tier kommt im Text vor?
f) Wer interessiert sich für das Tier?
g) Wo ist das Tier?

der?“ – „Na klar doch! Das ist ein
das Blut von Menschen trinken!“ –
Schreie flogen durch die 6. Klasse
ügge, nachdem Herr Piepke, der
ptop an die Klassenzimmerwand
auf das Tier, das ihnen aus kleinen,
gefletschten Zähnen entgegen-
n, dass sie aufsprang.
st gegen den Kopf geflogen!“, rief
chsten Bild flatterte eine weitere
ah so lebendig aus, dass die Schüler
kung gingen. Peter rief mit dunkler
uf Marie zu und tat so, als wolle er sie
haos aus. Die Hälfte der Mitschüler
re Hälfte sich unter Tischen und
n des ganzen Lärms still auf seinem
m Biounterricht, das ihn wirklich

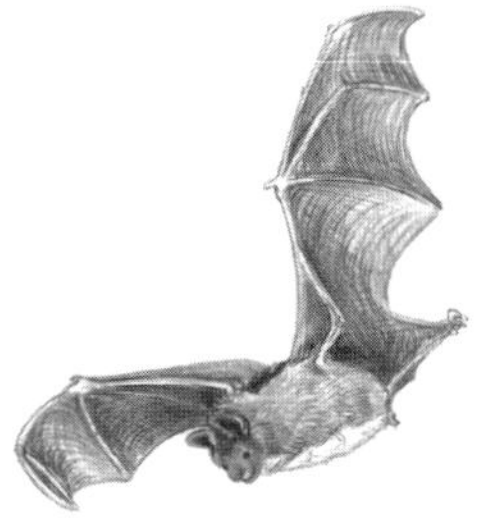

2. Versuche die Fragen mithilfe deines Partners, der den anderen Teil gelesen hat, schriftlich auf einem separaten Blatt zu beantworten.

a) Wo spielt die Szene?
b) Welches Fach haben die Schüler gerade?
c) Welche Personen werden erwähnt?
d) Was machen die einzelnen Personen?
e) Welches Tier kommt im Text vor?
f) Wer interessiert sich für das Tier?
g) Wo ist das Tier?

Die Mutprobe

1. Lies den folgenden Buchanfang.

Kristina ist gerade auf dem Weg in die Küche. Sie will sich ein Stück Pizza aus dem Backofen holen. Plötzlich hört sie laute Stimmen im Hausflur. Kristina schaut neugierig durch den Türspion. Nichts zu sehen. Dann aber hört sie, wie jemand die Treppe heraufrennt. Jetzt wird heftig gegen die Tür geschlagen.

Kristina springt erschrocken zwei Schritte zurück.

„Aufmachen! Bitte aufmachen!“, brüllt eine Jungenstimme.

Vorsichtig, auf Zehenspitzen, schleicht Kristina zurück zur Tür und schaut erneut durch den Spion. Zwei Augen, die vor Angst ganz groß sind, starren sie von der anderen Seite an.

„Aufmachen! Bitte!!“

Die Stimme klingt so verzweifelt, dass Kristina ohne nachzudenken den Riegel zurückschiebt. Das hat ihre Mutter streng verboten. Kaum hat Kristina die Tür einen Spalt geöffnet, da wird sie so heftig aufgestoßen, dass sie gegen ihren Arm prallt.

Kristina fällt hin.

Ein Junge, vielleicht 14 Jahre alt, stolpert in die Wohnung. Er schlägt die Tür mit einem Knall hinter sich zu. „Pff! Das war knapp“, keucht er.

Kristina betrachtet ihn wütend. Der Junge ist bestimmt zwei Köpfe größer als sie und ziemlich kräftig. Er sieht gar nicht danach aus, als ob er vor irgendjemandem Angst haben müsste.

Kristina reibt sich ihren schmerzenden Arm. Gerade will sie etwas sagen, da hört man ein wildes Gepolter aus dem Treppenhaus. Dann wird wieder gegen die Tür gehämmert.

Der Junge legt einen Finger auf die Lippen und sieht Kristina durchdringend an. Jetzt bloß kein Wort sagen! Aber das hat Kristina ohnehin nicht vor. Sie ist vor Schreck sprachlos.

„Du entkommst uns nicht! Wir kriegen dich!“

Kristina zieht den Kopf ein.

Schweigend lauschen die beiden, wie die Schritte die Treppe hinunterpoltern.

„Wer war das?“, will Kristina wissen.

gekürzt aus: Carolin Philipps, Die Mutprobe (light-Ausgabe), Hase und Igel Verlag, Garching b. München 2007, S. 7–10, Illustration: Tine Hohenberger

2. Formuliere zu den Antworten die passenden Fragen. Eine Antwort passt nicht zu dem Textausschnitt. Streiche sie durch.

a) Sie möchte ein Stück Pizza essen. ____________________

b) Neugierig. ____________________

c) Zwei Augen, die vor Angst ganz groß sind. ____________________

____

d) „Aufmachen! Bitte!!“ ____________________

e) Weil die Stimme so verzweifelt klingt. ____________________

f) Kristinas Vater. ____________________

g) Die Tür wird heftig aufgestoßen. ____________________

h) Ja, am Arm. ____________________

Das Ferkel

1. Der Text ist rückwärts geschrieben. Du musst in der letzten Zeile beginnen und von rechts nach links lesen. Schreibe ihn richtig ab, damit du ihn leichter überfliegen kannst. Oder mach dir beim Lesen Stichpunkte zum Inhalt.

?narad dluhcs tsi rew dnU
!tiebrA leivuas sellA
.nellets hcsiT ned fua dnu nemhen knarhcs-
lhüK med sua tsbles hci ssum esäK dnu
neknihcS ,rettuB dnU
.rhem tieZ eniek snegrom tsi nehcokoakaK
muz rebA
.sdneba nohcs remmi nretlE eniem nekced
hcsiT neD
.netlahcsna enihcsameeffaK eid ssum hcI
.nehctörbnemulbnennoS eniek dnis se rebA
.nedrew trefeileg eis liew ,rütsuaH red rov rem-
mi sgnidreuen negeil eiS
.hcilkriw thcin ,aj aN
.neloh rebles nehctörB eid hci ssum tzteJ
.fuard nenreknemulbnennoS ned tim eiD
.tfuakeg nehctörbsgnilbeiL eniem nohcs ettah
retaV nieM
.ztalP meniem na dnetfud dnats oakaK reßieH
.raw tkcedeg hcsitskcütshürF red dnu mak
ehcüK eid ni snegrom hci sla ,tieZ eid tsi iebroV

.ad thcin rag hci eräw sla ,os nut eiS
.hcim nehesrebü nretlE enieM
!tfuL nib hcI
!gaT nedej sad theg oS

gekürzt aus: Ute Schreiber, Das gibt's doch gar nicht!, Hase und Igel Verlag, Garching b. München 2006, S. 7 f., Illustration: Petra Dorkenwald

2. Beantworte folgende Fragen zum Text.

a) Wer ist der Erzähler? ____________________

b) Wer beachtet das Kind nicht mehr? ____________________

c) Welche Brötchen mag das Kind? ____________________

d) Was trinkt das Kind gerne? ____________________

e) Wie findet das Kind die Veränderung? ____________________

f) Hast du eine Vermutung, wer „daran schuld ist“? ____________________

____

Im Schwimmbad

1. Der Text ist durcheinandergeraten. Bringe die Sätze in die richtige Reihenfolge. Trage die Nummern in die Kästchen ein.

☐	„Naddi! Wo steckst du denn?", schluchzt Kathrin.
☐	Ich klettere gerade auf das Dreimeterbrett. Da höre ich eine Stimme: „Naddi! Hilf mir!" Das ist Kathrin.
☐	„Springst du nun oder nicht?", drängeln einige Jungs hinter mir.
☐	Aber ich weiß, dass das nichts bringt. Kathrin ist eben ein richtiger Angsthase.
☐	Ich erkenne Kathrin, die wie wild mit den Armen fuchtelt, weil Tanja gerade versucht, sie unterzutauchen.
13	„Ich hab die Nase voll vom Schwimmen", schnieft Kathrin und geht beleidigt Richtung Liegewiese.
☐	Ich versuche Kathrin in dem Menschengetümmel im Schwimmbecken zu finden.
1	Im Schwimmbad ist es manchmal total anstrengend mit meiner besten Freundin Kathrin.
8	Sie ist Tanja entkommen und klammert sich hustend an den Beckenrand.
☐	„Ich war nur mal kurz auf dem Sprungbrett", gebe ich zurück.
☐	Schnell springe ich vom Brett und schwimme sofort zu Kathrin.
☐	„Warum lässt du dir das denn gefallen? Wehr dich doch! Du kannst doch gut schwimmen!"
☐	Kathrin hat nämlich Panik, wenn man sie untertaucht.

gekürzt nach: Ursula Muhr: Abschied von Oma, Hase und Igel Verlag, Garching b. München 2011, S. 5 f., Illustration: Sabine Scholbeck

2. Schreibe die Ereignisse stichpunktartig auf den Zeitstrahl.

1 2 3 4

▶ ____

5 6 7 8

▶ ____

Die Götter der Antike

Lies den Text. Wende die 5-Schritt-Lesemethode an.

1. **Überfliege** zunächst den Text und verschaffe dir einen ersten Überblick.
2. Welche **Fragen** hast du zum Text?
3. Lies den Text **gründlich** durch.
4. **Fasse** den Inhalt **zusammen**.
5. **Wiederhole** noch einmal für dich die wichtigsten Aussagen des Textes.

Auf dem Berg Olymp, der heute verlassen und einsam in den Himmel ragt, hausten damals die griechischen Götter. Sie aßen Ambrosia und tranken Nektar und passten von oben auf, dass die Menschen ihnen Opfer brachten und Tempel bauten.

Zeus, der Hauptgott, musste die anderen Götter, die oft miteinander stritten, mit Blitz und Donner zur Räson bringen. Um Herrscher des Himmels zu werden, musste Zeus seinen Vater Kronos stürzen. Seine Gattin war Hera.

Der Ozean und die Meere wurden beherrscht von Zeus' größerem Bruder Poseidon, der in der Meerestiefe in einem Palast lebte. In seinem Streitwagen, den Dreizack in der Hand, durchkreuzte er die Ozeane.

Pallas Athene, die Göttin des Krieges, der Weisheit und der Künste, war die Lieblingstochter von Zeus. Ihr Symbol war die Eule.

Hermes war Zeus' Sohn. Er wurde der Schutzgott der Reisenden und Kaufleute – aber auch der Diebe. Er war der Bote seines Vaters.

Daneben gab es noch Helios, den Sonnengott, Hephaistos, den Gott der Schmiedekünste, und seine Frau Aphrodite, die Göttin der Liebe.

Hades war ein Bruder von Zeus und der Gott der Unterwelt. Er herrschte über die toten Seelen.

Die Götter blieben nicht ständig auf dem Olymp. Sie flogen manchmal auf die Erde, suchten sich die schönsten Frauen aus und machten sie zu ihren Geliebten. Darum hatten viele griechische Helden, wie Herakles oder Perseus, göttliche Väter.

nach: Dimiter Inkiow, Die Abenteuer des Odysseus, Hase und Igel Verlag, Garching b. München 2002, S. 6 ff. u. 108 f., Illustration: Hubert Stadtmüller

Reise zum Mittelpunkt der Erde

Professor Lidenbrock ist ein sonderbarer Kauz und besessener Geologe. Zusammen mit seinem Neffen versucht er den Mittelpunkt der Erde zu erreichen. Doch der Weg durch die unterirdische Welt ist beschwerlich und hält außergewöhnliche Abenteuer bereit.

Ordne die folgenden Kapitelüberschriften des Buches den passenden Sätzen zu und verbinde sie mit einer Linie. Unterstreiche die ausschlaggebenden Wörter.

1. Ein seltsamer Gelehrter •	• a) Martha bereitete ein köstliches Abendessen und wir feierten und erzählten bis tief in die Nacht.
2. Die Geheimschrift •	• b) Der Orkan nimmt kein Ende und das Floß treibt immer noch südöstlich.
3. Nach Norden •	• c) Weil Island nämlich so weit im Norden liegt, sind fast alle diese Vulkane von Schnee und Eis bedeckt.
4. Der Eiderjäger •	• d) Aber wie hatte ich den Weg bloß verfehlen können? Ich war verloren.
5. Gefährlicher Abstieg •	• e) Dieser Beruf passte genau zu dem langsamen und schweigsamen Hans Bielke.
6. Durst! •	• f) Professor Lidenbrock war bekannt für seine Ungeduld und ich war mir sicher, dass er toben würde, wenn er auf sein Essen warten musste.
7. Verirrt im Innern der Erde •	• g) Unser Vorrat reichte höchstens noch für drei Tage, das wurde mir abends beim Essen klar.
8. Im Wald der Pilze •	• h) In Serpentinen wanderten wir immer weiter abwärts.
9. Gefährliche Überfahrt •	• i) Jeder weiß, dass eine warme, feuchte Höhlenatmosphäre für Champignons günstig ist.
10. Glückliche Heimkehr •	• j) Ich werde dir für jedes dieser Runenzeichen den entsprechenden Buchstaben unseres Alphabets diktieren.

aus: Jules Verne, Reise zum Mittelpunkt der Erde, Hase und Igel Verlag, Garching b. München 2007

Die Schatzinsel

1. Der Text enthält zehn Wörter, die nicht hineinpassen. Unterstreiche sie und notiere, welche man an ihrer Stelle einsetzen kann.

Jim findet die Schatzkarte des verstorbenen Piraten Flint. Zusammen mit einem Doktor und einem Baron begibt er sich auf Schatzsuche. Aber es sind noch andere Leute auf der Jagd nach dem Schatz. Da ist zum Beispiel der undurchsichtige Schiffskoch John Silver …

Nachdem der Doktor gegangen war, wurde gefrühstückt. Dann brachen wir auf zur Schatzsuche. Wir fuhren mit den beiden Mercedes, die noch am Strand lagen, so nahe wie möglich an die Stelle heran, wo der Schatz ausgestellt sein sollte. Vom Ufer aus stand uns noch ein längerer Fußweg bevor. Die Piraten waren bis an die Fußnägel bewaffnet. Außerdem hatten sie Gabeln, Spaten und Spitzhacken dabei. Mir hatten sie ein Vorhängeschloss um die Taille gebunden, an dem Silver mich hinter sich herzog.

Wir richteten uns genau nach den Rezepten auf Flints Karte. Nach einer anstrengenden Wanderung näherten wir uns endlich der Stelle, wo der Schatz liegen sollte. Plötzlich stieß der Mann, der ganz links tanzte, einen Schluckauf aus. Wir eilten zu ihm – und erschauderten. Unter einem kuscheligen Baum lag ein menschliches Skelett.

„Die Stellung, in der dieses Tier liegt, ist doch nicht natürlich!", meinte Silver. „So kerzengerade und die Arme lang über den Kopf ausgestreckt." Er überlegte. „Das Skelett weist genau in die Richtung, in der der Schatz liegen muss", sagte er dann.

gekürzt nach: Robert L. Stevenson, Die Schatzinsel, Hase und Igel Verlag, Garching b. München 2008, S. 145, Illustration: Walter Paget

____

____

2. Beantworte die Fragen.

a) Wer trägt Waffen? ______________________________

b) Was macht Silver mit Jim? ______________________________

c) Woher wissen sie, an welcher Stelle der Schatz liegen soll? ______________________________

____

d) Warum denkt Silver, dass das Skelett auf den Schatz hinweist? ______________________________

____

3. Kreuze die zutreffenden Behauptungen an.

- ☐ Jim wird von den Piraten gefangen gehalten.
- ☐ Der Schatz liegt in Ufernähe.
- ☐ Der Doktor ist bei der Schatzsuche nicht mit dabei.
- ☐ Silver findet das Skelett.
- ☐ Das Skelett liegt in einer unnatürlichen Lage.
- ☐ Die Lage des Schatzes ist nicht genau gekennzeichnet.
- ☐ Der Fußmarsch war nicht ermüdend.

Benedikt und Adelgund

1. Benedikt begegnet Adelgund zum ersten Mal. Lies den Text.

„Seid gegrüßt, edles Fräulein", stammelte ich. Vor mir stand das anmutigste und bezauberndste Mädchen – Fräulein Adelgund vom Fluss. Es war kein Traum. Ich sah in ihre hellen grünen Augen.

„Bursche", rief sie bemüht arrogant, „ich habe gehört, hier sollen wunderschöne Tuche aus Flandern angekommen sein. Sag deinem Herrn, dass ich sie zu sehen wünsche."

„So...so...sofort", stotterte ich, stolperte. Armrudernd fiel ich rücklings auf den Boden.

„Seht nur, Hildegard", wandte sich Adelgund kichernd an ihre Zofe, „meine Kleider sind so alt, dass schon die Knechte umfallen, wenn sie mich darin sehen."

„Nicht doch ... Fräulein, ich gehe holen meinen Bruder!" ... *ich gehe holen meinen Bruder,* mein Gott, was war los mit mir? Ich war vollständig durcheinander.

(Benedikt holt Robert, der ihn aber bald wieder mit den beiden Frauen allein lässt. Adelgund wendet sich an Benedikt.)

„Du bist der Bruder und nicht der Bursche des Hauses?"

„Ja, bin der jüngste Sohn", schaffte ich ohne Stottern zu sagen und ergänzte noch: „Werde Priester oder Mönch!"

„So ein hübscher Junge wie du es bist? Ich werde nie verstehen, wie man freiwillig ins Kloster gehen kann."

Mit ihren strahlenden grünen Augen sah sie mich fragend an. Ich wurde zusehends nervöser. Unvermittelt kehrte sie auf dem Absatz um und stolzierte aus dem Raum.

Zitternd schloss ich die Tür hinter ihr und atmete auf. Sie war so schön. Und sie fand mich hübsch, zu hübsch fürs Kloster jedenfalls. Verträumt lehnte ich an der Tür und malte mir aus, wie sie in einem herrlichen Kleid vor mir stand. Dann gab sie mir einen Kuss ...

gekürzt aus: Wolfgang Gröne, Benedikt und die Brückenbande, Hase und Igel Verlag, Garching b. München 2006, S. 43–45, Illustration: Johann Brandstetter

2. Woran erkennst du, dass die Geschichte nicht in der Gegenwart spielt? Nenne ein paar Beispiele.

____

____

____

3. Beschreibe Benedikts Gefühle für Adelgund. Unterstreiche die Textstellen, die dir die entscheidenden Hinweise geben.

____

____

Schilly-Billy Superstar (1)

Billy denkt, dass Jenny seinen Freund lieber mag als ihn. Er sitzt am Computer, um Jenny im Chat einen Gruß zu schicken …

1. Lies den Text und fasse mündlich zusammen, was passiert.

Heute will mir einfach nichts Vernünftiges einfallen. Schließlich quäle ich mir ein sensationelles „Hi Jenny!“ ab und warte. Gerade als ich vor lauter Frust den Computer ausschalten will, meldet sie sich.

Chat

jennymaus1606: Hi Billy! Bin gerade im Chat mit Lilly. Müssen schrecklich viel reden. War ein aufregender Tag! ☺ Meld mich gleich noch mal bei dir!

Ach so! Ehe ich meine Erleichterung genießen kann, schreibt sie mir schon wieder.

Chat

jennymaus1606: Ja, sicher mag Billy mich und ich ihn. Aber Ömer und Andrej haben mir erzählt, dass er eine Freundin hat. (Was soll ich denn da machen?)

Ich blicke wie erstarrt auf den Bildschirm. Ömer und Andrej sind ja tolle Freunde, solche Gerüchte zu verbreiten. Die knöpfe ich mir gleich morgen vor. Aber wieso schreibt sie mir das? Ich brauche geschätzte zehn Sekunden, um zu verstehen: Sie hat es mir aus Versehen geschickt! Sie wollte es Lilly schreiben! Als ich das kapiere, freue mich wie ein Schneekönig.

gekürzt nach: Heidemarie Brosche, Schilly-Billy Superstar, Hase und Igel Verlag, Garching b. München 2010, S. 132 f., Illustrationen: Birgit Busche-Brandt

2. Welche Behauptung ist richtig? Kreuze an.

- ☐ Billy findet seine Anrede für Jenny einfallslos.
- ☐ Billy muss nicht lange auf die erste Antwort von Jenny warten.
- ☐ Jenny redet gerade gleichzeitig mit einer Freundin am Telefon.
- ☐ Billy hat bereits eine Freundin.

3. Die Kommunikation im Internet ist nicht ungefährlich. Lies die folgenden Tipps und unterstreiche die richtigen Wörter.

Gib keine / alle privaten Daten von dir preis.

Achte darauf, dass du über andere nichts Negatives / Positives schreibst.

Schreibe auch / nie Leuten, die du nicht kennst.

Stelle keine alten / peinlichen Fotos von dir ins Netz.

Stelle Fotos von anderen bedenkenlos / nicht ungefragt ins Netz.

Akzeptiere / Prüfe jede Freundschaftsanfrage.

Triff dich nie / vielleicht allein mit fremden Personen, die dich im Netz anschreiben.

Schilly-Billy Superstar (2)

Billy hat von Jenny im Chat eine Nachricht bekommen, die Jenny ihm aus Versehen geschickt hat. Er freut sich darüber, denn nun weiß er, dass auch sie ihn mag … Jetzt will er Jenny zeigen, wie sehr ihn die Nachricht freut, aber er möchte nicht, dass ihr die ganze Sache peinlich ist.

1. Lies die folgenden Entwürfe von Billy. Welche Nachricht sollte er deiner Meinung nach zurücksenden? Markiere sie farbig.

Nachricht 1

Chat

billy_superstar: Hi Jenny! Du hast gerade MIR statt Lilly geschrieben!!!!!!!!!! Finde ich echt cool ☺ Meinst du das ernst????

Nachricht 2

Chat

billy_superstar: Ich glaube, du hast gerade an den Falschen geschrieben. Stimmt's?

Nachricht 3

Chat

billy_superstar: Jenny, nicht ärgern, du hast deine Nachricht gerade an mich geschrieben. Freue mich total! ☺ ☺ Und ich habe auch keine Freundin, also wenn DU möchtest, für mich gibt's nur dich ♥

Illustration: Birgit Busche-Brandt

2. Lies die Nachricht, die Billy Jenny tatsächlich geschickt hat. Was fällt dir im Vergleich zu den Entwürfen aus Aufgabe 1 auf? Notiere deine Beobachtung.

Chat

billy_superstar: ♥ Drauf spricht er: „Es ist dir gelungen, du hast das Herz mir bezwungen; und die Treue, sie ist doch kein leerer Wahn – so nimm mich zu deinem Freunde an."

3. Beantworte die folgenden Fragen.

a) Was bedeutet „du hast das Herz mir bezwungen"?

b) Was bedeutet der Spruch „die Treue, sie ist doch kein leerer Wahn"?

